신독, 혼자 있는 시간의 힘

당신은
혼자 있는 시간을
무엇으로
채우는가?

신독,
혼자 있는
시간의 힘

조윤제 지음

비즈니스북스

신독, 혼자 있는 시간의 힘

1판 1쇄 발행 2024년 7월 19일
1판 4쇄 발행 2024년 9월 11일

지은이 | 조윤제
발행인 | 홍영태
편집인 | 김미란
발행처 | (주)비즈니스북스
등 록 | 제2000-000225호(2000년 2월 28일)
주 소 | 03991 서울시 마포구 월드컵북로6길 3 이노베이스빌딩 7층
전 화 | (02)338-9449
팩 스 | (02)338-6543
대표메일 | bb@businessbooks.co.kr
홈페이지 | http://www.businessbooks.co.kr
블로그 | http://blog.naver.com/biz_books
페이스북 | thebizbooks
ISBN 979-11-6254-382-5   03190

비즈니스북스는 독자 여러분의 소중한 아이디어와 원고 투고를 기다리고 있습니다.
원고가 있으신 분은 ms1@businessbooks.co.kr로 간단한 개요와 취지, 연락처 등을 보내 주세요.

하루를 넘길 때마다
무언가를 두고 떠나는 기분이 든다.
그렇게 오늘도 나는 내게서
하루만큼 멀어져 간다.

오늘따라 퇴근길 지하철 안이 버거워

가만하게 숙인 고개를 어둑한 창가로 돌렸다.

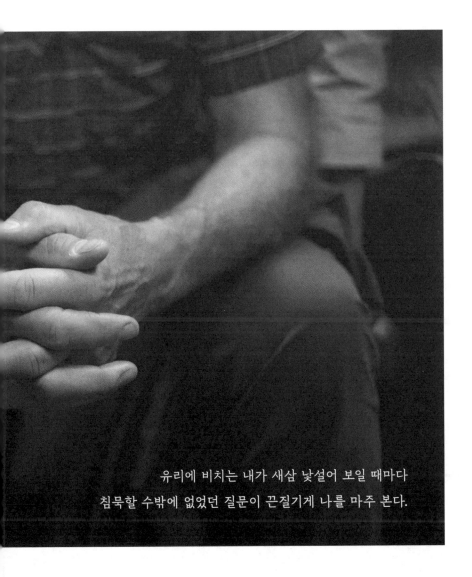

유리에 비치는 내가 새삼 낯설어 보일 때마다
침묵할 수밖에 없었던 질문이 끈질기게 나를 마주 본다.

"나는 오늘 몇 시간이나
나로 살았을까?"

옛사람들은 이런 질문이
떠오를 때마다
자신만의 방으로
스스로를 초대했다.

나에게서 떠나고 싶어서가 아니라
나에게로 가만히 머물고 싶은 순간.

나를 갈무리하는 일상의 여백,

신독愼獨.

잃어버린 나를 찾는다는 것은
예전의 나로 돌아간다는 의미가 아니다.

모두가 잠든 밤,
흘려보냈던 하루를 돌아보며
잃어버렸던 나를 마무른다.

"저녁이 되면 집으로 돌아와
먼지가 내려앉은 옷을 벗고 관복으로 갈아입는다.
그리고 홀로 옛 선인들의 정원인 서재로 들어간다.
매일 그들과 네 시간 동안 대화를 나누다 보면
잠시나마 나는 내 삶에 주어진
모든 시련과 고통을 잊게 된다."

_마키아벨리가 프란체스코 베토리에게 보낸 편지 중에서

나를 회복하는
혼자만의 시간

독립불개獨立不改. "홀로 서서 흔들리지 않는다."

전심치지專心致志. "온 마음을 다해 뜻을 이룬다."

위의 두 구절에서 첫 번째는 《도덕경》道德經에 실린 글로, 노자 철학의 근본인 도道의 속성을 일컫는다. 평범한 우리가 도에 다가갈 수 있는 유일한 방법이기도 하다. 먼저 '독립'은 홀로 선다는 것이다. 단지 스스로를 고립시키는 것이 아니라 기꺼이 혼자됨을 받아들이고 바르게 설 때 진정한 독립을 이뤘다고 할 수 있다. 그다음 불개는 '흔들리지 않는다'는 것이다. 어떤 상황에서도, 그 누구에게도 영향받지 않고 단단히 주관을 세울 때 도를 좇을 자격이 생긴다.

두 번째 구절은 《맹자》孟子에 실린 글이다. 맹자는 바둑 명인인 혁
추奕秋의 예를 들어 뜻을 이룰 수 있는 방법을 알려준다. 맹자가 그 당
시 천한 기예로 여겨지던 바둑을 사례로 든 까닭은, 뜻을 이루는 데
에는 특별한 조건이나 한계가 없다고 봤기 때문이다. 높은 덕성인 공
부와 수양은 물론 어떤 일이든 마음을 다해 오직 한 가지에 전념하면
반드시 뜻한 바를 이룰 수 있다.

오늘날 고전으로 인정받지만 전혀 다른 사상과 철학을 가진 두 책
에서 우리는 삶에 적용할 만한 중요한 가르침 하나를 얻을 수 있다.
이것은 인생의 목적을 이루는 비결이기에, 우리에게 가장 절실한 가르
침이기도 하다. 두 문장을 연결하면 그 해답이 나온다.

"무엇이든지 이루고 싶은 것이 있다면 오직 그것에 집중하고, 홀로
서서 흔들리지 않으면 뜻은 이루어진다." 더욱 짧게 정리하자면 다음
과 같다.

"혼자됨의 시간, 오직 한 가지에 집중하면 반드시 뜻을 이룬다."

수천 년을 묵은 오래된 말이지만 오늘날 우리에게도 여전히 적용
되는 소중한 가르침이다. 요즘 많은 화제와 공감을 얻고 있는 두 책에
서도 비슷한 성찰을 전하고 있다.

"고독을 사랑하지 않는 사람은 자유도 사랑하지 않는 사람이다."
"성공하고 싶다면 단 하나에 집중하라."

위의 두 구절 가운데 첫 번째는 독일의 철학자 쇼펜하우어의 말이

다. '인간은 혼자일 때 온전히 그 자신일 수 있기 때문이다'라고 쇼펜하우어는 그 이유를 말한다. 인간은 자연 속에서 본연적으로 고독한 상태이며, 본질적으로 불가피하게 혼자일 수밖에 없다. 따라서 친구를 비롯한 모든 인간관계에 대해서도 쇼펜하우어는 부정적이다. 그는 사람과의 관계가 위로보다는 구속을, 유익보다는 오히려 희생을 강요한다고 봤다. 그 당시뿐 아니라 오늘날에도 살아가며 겪는 많은 고통과 상처가 사람에게서 빚어진다는 것을 부인할 수는 없다. 고독의 철학에 많은 사람들이 더 쉽게 공감하는 까닭은, 살아가는 한 관계에서 벗어나고 싶어도 벗어날 수 없기 때문일 것이다.

쇼펜하우어의 철학을 한마디로 정의하면 '홀로서기'다. 외적인 자극이 아니라 내면의 풍요로움에 집중하고, 타인과의 비교가 아니라 스스로 가진 것에 만족하며, 본연적으로 가지고 있는 나의 가치와 존엄성을 인정하는 것은 오직 혼자만의 시간에 가능하다.

그다음의 구절은 《원씽》에 실려 있다. 공동 저자인 게리 켈러Gary Keller와 제이 파파산Jay Papasan은 남다른 성과를 내기 위한 가장 간단한 방법을 제시한다. 단 하나의 목표, 바로 핵심에 집중하는 것이다. 단 하나에 집중하기 위해 해야 할 일은 내가 지금 하고 있는 일을 하나하나 줄여나가 결국에는 단 하나만 남기는 것이다.

이 두 가지 주제 역시 전혀 다른 방향이지만, 이 둘을 연결해서 받아들이면 같은 메시지를 얻을 수 있다.

"혼자됨의 시간, 오직 한 가지에 집중한다면 반드시 뜻을 이룬다."

정체된 삶을 변화시키는 기회, 혼자됨의 시간

　시대와 공간의 큰 이격이 있지만, 인류사에 위대한 일을 이룬 사람들이 이 주장을 증명했다. 빌 게이츠는 창업 당시 단 한 가지, 세계 최초의 상업용 마이크로컴퓨터인 알테어 8800에 필요한 베이식 프로그램에 집중했다. 이를 기반으로 마이크로소프트를 창업한 후에도 그는 미국 서북부의 작은 별장에서 '생각 주간'Think week을 가지며 마이크로소프트의 미래 전략을 구상했다. 헨리 데이비드 소로는 고향 숲에 홀로 머물며 사색과 독서를 통해 직관을 얻었다. 이러한 삶을 통해 소로는 인류에게 자연과 환경에 대한 중요한 교훈을 던졌고, 인도의 독립운동가 간디, 미국의 마틴 루터 킹 목사 등의 사상에도 영향을 미쳤다. 의도했든 아니든 소로의 홀로서기는 마치 나비효과처럼 우리 삶에 지대한 영향을 끼쳤다.

　우리가 잘 아는 스티브 잡스의 예를 들 수도 있다. 앞서 빌 게이츠처럼 그 역시 독립불개와 전심치지, 두 가지를 연결해서 뜻을 이루는 모습을 보여준다. "우리가 컴퓨터에 열정을 바친 이유는 뛰어든 사람이 거의 없는 영역이었기 때문이다." 바로 원씽을 추구한 모습이다. 그리고 그가 리드 칼리지에 재학하던 시절 몰입했던 고전 독서와 애플을 시작하기 전 떠났던 인도 여행은 모두 혼자됨의 시간을 통해 미래를 준비했던 독립불개의 시간이었다.

　우리에게 좀 더 가까운 예를 살펴보면 다산 정약용을 들 수 있다. 다산은 마흔이 될 때까지 누구나 부러워할 인생을 살았다. 정조의 총애를 한몸에 받으며 승승장구했고, 마흔이 채 못 된 나이에 형조참의에까지 오르며 인생의 정점을 찍었다. 하지만 곧 정쟁에 휩쓸려 기한을 알 수 없는 귀양에 처한다. 훗날 고향으로 돌아온 다산은 스스로 쓴 묘비명에서 "어릴 때는 학문에 뜻을 두었으나, 이십 년 동안이나 세속의 길에 빠져 다시 선왕의 훌륭한 정치가 있는 줄 알지 못했는데 이제야 여가를 얻게 되었다"라고 말했다. 비록 타의에 의해, 상황에 쫓겨 강제로 혼자됨의 시간을 얻었지만, 다산은 그 시기를 뜻을 이룰 기회로 삼았다.

이러한 뛰어난 인물들의 사례를 듣다 보면 어떤 울림을 받을지언정, 온전히 '내 것이다'라는 느낌이 다가오지는 않을 것이다. 그래서 부끄럽지만 나의 이야기를 하고자 한다. 나는 인문 고전, 특히 동양 고전과는 그다지 친한 사람이 아니었다. 대학에서 전공했던 것도 아니고, 사회에서 쌓았던 경험 역시 고전과는 크게 관계가 없었다. 평소 대화에서 《논어》論語에 나오는 '온고이지신'溫故而知新과 같이 잘 알려진 성어를 구사하며 얕은 지식을 뽐내기도 했지만, 실상 그 뜻을 명확히 알지도 못했다. 하지만 지금 동양 고전 작가라는 직업을 갖고, 책과 함께하는 삶을 꾸려 나갈 수 있게 된 배경에는 도서관에서 축적한 '혼자됨'의 시간이 있었다. 삼 년간 모든 관계를 끊고, 심지어 경제생활까지도 아내에게 맡기며 오직 고전을 읽어 나갔던 경험이 나에게는 반전의 기회가 되었다. 나 역시 독립불개와 전심치지에 힘입어 늦은 나이에 새로운 길을 찾을 수 있었다.

사람에게는 단 하나로 벼려진 인생의 질문이 있어야 한다

인생을 바꾸는 혼자됨의 시간은 쉽게 주어지지 않는다고 느껴질 것이다. 하지만 그 시간은 누구에게나 예외 없이 주어진다. 바로 모두가 잠드는 늦은 밤과 새벽 시간이다. 혹은 달가운 일은 아니지만 뜻하지 않은 실직이나, 인간관계의 부조화로 인해 강제적으로 홀로됨의 시간을 가져야 할 수도 있다. 이 혼자됨의 시간을 어떻게 받아들이느냐는 사람에 따라 다르다. 외로움에 몸부림치는 고통의 시간으로 삼을지, 내 인생을 바꿀 기회로 삼을지는 모두 자기 자신에게 달렸다.

혼자만의 시간, 무엇을 '단 하나'로 삼을지도 제각각 다를 것이다. 스스로 결정해야 할 일이지만 고전의 가르침에서 몇 가지 제안을 할 수 있을 것 같다. 인생에서 이루고 싶은 뜻이 무엇인지에 따라서 선택은 각자의 몫이 된다. 혹은 지금 당장 가장 절실한 것이 무엇인지를 생각해서 결정해도 좋다. 때와 상황에 따라 변할 수도 있겠지만 반드시 염두에 두어야 할 것이 있다. 지금 이 순간은, 오직 단 하나에 집중해야 한다는 점이다.

신기독야愼其獨也**, 혼자일 때 더욱 삼가다.**

종교에 충실한 사람은 혼자됨의 시간에 기도와 묵상으로 믿음을 굳건히 한다. 이와 같은 엄숙한 고독이 오직 그 시간에만 한정된 것은 아니다. 홀로 경건의 시간을 가진다는 것은 앞으로 남은 삶을 더욱 신실하고 충실하게 살고자 하는 다짐이자 단련이다. 옛 선비들이 혼자됨의 시간에 행했던 신독 역시 그렇다. 홀로된 순간에도 도리에 어긋남이 없도록 삼가는 것은 내일 그리고 앞으로의 삶에서 공경과 근신의 삶을 살고자 하는 치열한 노력이다.

반구저기反求諸己, **먼저 나 자신을 돌아본다.**

사람들은 누구나 자기 본위로 생각하기 마련이다. '잘되면 내 탓, 못되면 남 탓', 특히 높은 지위에 있는 사람들이나 지킬 것이 많은 사람들이 잘못된 일을 저질렀을 때 자주 보이는 행태다. 누구에게나 스스로를 지키고자 하는 본능이 있기에 살아가는 과정에서 취하는 어쩔 수 없는 선택이기도 하다. 따라서 잘못된 일을 앞두고 먼저 나를 돌아보기 위해서는 치열한 몸부림이 필요하다.

이러한 노력이 어렵고 힘든 만큼 그 보상은 크다. 혼자만의 시간, 스스로 부족함을 돌아보고 잘못을 고치려고 노력한다면 오늘보다 더 나은 내일, 성장하는 하루하루가 될 수 있다. 고전에서는 '영구히 복을 받는 비결'이라고 말하고 있다.

지자자지知者自知, **나를 알고 나를 사랑한다.**

《순자》荀子에 실려 있는 글로, 인자자애仁者自愛라는 구절로 이어진다. 나를 알고 나를 사랑하는 것은 학자가 도달할 수 있는 최고의 경지다. 나를 안다는 것은 스스로 부족함을 아는 것이다. 스스로를 깨달으면 과도한 욕심을 버리고, 나를 낮출 수 있다. 나를 사랑하는 것은 하늘과 땅과 하나가 되는 타고난 나의 존엄성을 아는 것이다.

신독, 혼자 있는 시간의 힘

존엄성은 헛된 자존심이나 근거 없는 자부심과는 다르다. 내가 소중하기에 나의 가치와 성장을 위해 끊임없이 노력하는 것이다. 비록 도道에 닿기는 어렵더라도 그 길을 향해 지치지 않고 걸어갈 수 있다. 노자가 말했던 대기만성大器晩成은 큰 그릇으로 완성되어 가는 상태가 아니라 성장을 멈추지 않으려는 노력 자체를 뜻한다.

절차탁마切磋琢磨, 배움에 마침은 없다.

"칼로 자르는 듯, 줄로 가는 듯, 정으로 쪼는 듯, 숫돌로 광을 내는 듯하다"가 절차탁마의 뜻이다. 거친 돌을 깨어 아름다운 보석을 만들기 위해서는 이처럼 장인의 지치지 않는 노력이 필요하다. 학문 역시 그렇다. 끊임없이 노력해야 한다. 하지만 이에 그쳐서는 안 된다. 보석이 품격에 맞는 사람을 만나 가장 빛나는 자리에 있어야 하는 것처럼, 사람도 마찬가지다. 뜻을 세상에 펼칠 수 있어야 한다. 내가 가진 능력으로 좋은 세상을 만들고, 내 뒤를 이을 후진을 키워나가야 한다. 따라서 배움은 일생을 두고 해야 하는 일이다. 그 시작은 언제나 혼자됨의 시간, 혼자만의 공간이다.

지지능득知止能得, 멈출 줄 아는 자는 바라는 것을 얻는다.

우리에게 《대학》大學에서 가장 널리 알려진 문장은 '수신제가치국 평천하'修身齊家治國平天下일 것이다. 먼저 자신을 바르게 한 다음 집안을 잘 다스릴 수 있어야 나라와 천하를 다스릴 자격이 주어진다. 스스로를 다스리기 위해서는 반드시 먼저 근본을 다져야 한다.

《대학》에서는 이를 지지 유정 능정 능안 능려 능득知止 有定 能靜 能安 能慮 能得, '멈출 줄 알면 정해지는 것이 있고, 정할 수 있으면 안정되고, 안정되면 생각할 수 있고, 생각할 수 있으면 얻을 수 있다'고 이른다. 여기서 스스로를 다스리는 공부의 시작은 멈출 줄 아는 것이다. 멈추는 것은 곧 혼자만의 시간을 갖는 것이다. 바쁘고 번잡한 일상에서 벗어나 여유와 마음의 휴식을 갖는 것이다. 이때 무엇이든지 구하는 대로 얻을 수 있다. 공부도, 수양도, 명예도, 부도 모두 가능하지만, 내가 무엇을 원하는지는 모두 나에게 달려 있다.

오우아吾友我, 나 자신을 벗 삼는다.

'친구는 나를 알아주는 존재(지기知己)다.' '친구는 또 하나의 손이 되어 나를 돕는 존재다.' '친구는 또 하나의 나 자신이다.' 친구를 수식하는 수많은 말들이 있다. 대부분 친구라는 존재의 소중함에 대해서 이야기한다. 아무리 지루한 인생이라고 해도 삶에는 똑같은 날이 없듯이, 날마다 낯선 경험을 해야 하는 모험과 같은 인생에서 친구라는 의지처가 있다면 그처럼 든든할 수 없을 것이다.

하지만 철저한 개인주의의 시대, 경제 논리가 우선인 오늘날 친구의 의미는 많이 퇴색되었다. 뜻이 맞는 친구는 당연히 소중하지만, 얕은 쾌락과 유희를 위해 만나는 존재가 된 것도 사실이다. 한편으로는 내 이익을 위해 친구를 이용하는 마음도 있을 것이다.

이러한 세태에 나 자신을 친구로 삼으면 어떨까? 언제나 뜻이 맞는 친구, 나를 나보다 더 잘 아는 친구, 어떤 고민도 털어놓을 수 있는

신독, 혼자 있는 시간의 힘

친구를 얻을 수 있을 것이다. 외로움을 함께 견디며 진심으로 나의 앞길을 함께 고민하고 도모할 수 있는 유일한 인생 친구는 바로 나 자신이다.

지천명知天命, **하늘의 뜻을 깨닫는다.**

"곤궁에는 운명이 있다는 것을 알고, 형통에는 때가 있음을 알며, 큰 어려움에 처해도 두려워하지 않는 것이 성인의 용기다." 공자가 위기에 빠졌을 때 했던 말이다. 공자는 14년간 천하를 주유하며 하늘의 뜻을 아는 지천명의 경지에 도달할 수 있었다. 다산 역시 혼자 내버려진 시간에 "이제야 학문을 할 수 있는 여가를 얻었다"라고 하며 자신의 정체성과 하늘의 소명을 깨달았다. 평범한 우리 역시 바쁜 일상을 살아가는 와중에도 천명을 깨닫는 순간이 주어진다. '나는 무엇을 위해 살아야 하는가? 하늘이 부여한 나의 소명은 무엇인가?' 이와 같은 물음에 답하며 천명과 마주할 때 자신이 나아갈 길, 살아갈 목적을 깨닫게 된다.

인생길에서 길을 알려주는 이정표를 가진 사람과 그렇지 못한 사람은 그 여정이 다를 수밖에 없다. 길을 아는 사람은 비록 더디더라도 길에서 벗어나지 않는다. 잠시 길을 떠날 때도 있지만 곧 돌아올 수 있다. 그렇지 못한 사람은 매번 헤맬 수밖에 없다. "나는 누구인가? 여기는 어디인가?" 우리가 자주 느끼는 감정이며 자주 하는 독백이지만, 누군가에게는 삶의 이정표가 되고, 누군가에게는 스치는 상념이 된다. 천명을 생각하는 시간이 누구에게나 필요한 까닭이다.

혼자만의 방에서 나 자신으로 머무른다는 것

번잡한 일상이 반복되는 고된 나날을 우리는 예외 없이 살고 있다. 잠시 쉬고 싶은 마음이 간절하지만 용기가 없어서, 방법을 몰라서 피곤한 나날을 거듭한다. 과감하게 벗어나기 위해서는 큰 용기가 필요하다. 다행히 우리에게는 자연이 주는 혼자됨의 시간이 있다. 바로 부지런한 새들도 잠든 밤과, 생명의 기운이 돌아나는 새벽이다. 이 시간을 어떻게 보내느냐에 따라 우리 삶은 크게 달라진다. 혼자만의 시간을 기쁘게 맞을 때 우리에게는 예상치 못한 큰 선물이 주어진다.

혼자됨의 시간을 통해 우리는 마음에 간직하고 있던 뜻을 이루고, 지친 몸과 영혼에 자유를 줄 수 있다. 이러한 여유와 휴식을 통해 우리는 방향도 모르고 달려왔던 삶이 나아갈 길을 알게 된다. 하늘이 준 소명을 깨닫고, 삶을 지루하지 않게 만드는 창의와 통찰도 얻는다. 혼자됨의 시간이 내 삶을 바꾸는 인생역전의 기회가 된다.

마지막으로 한 가지 더 전하고 싶은 것이 있다. 책의 앞머리에서 요즈음 사랑과 관심을 받는 두 책을 소개한 데에는 의도가 있다. 동양 고전을 다루는 글에는 어울리지 않을지도 모르지만, 고전은 케케묵은 이야기가 아니라 지금 우리의 삶과 일에 적용할 수 있는 소중한 원천이 된다는 사실을 전해주고 싶었다. 세렌디피티 Serendipity라는 말이 있다. 창의적인 결과를 만드는 우연의 힘이라는 뜻이다. 전혀 겪어보지 못했던 낯선 경험, 우연한 만남을 통해 창의와 통찰이 생겨날 수 있다. 변화와 첨단의 시절인 오늘날에는 내가 가진 전문성과 고전을 결합해보는 것이다.

혼자됨의 시간, 고전을 공부한다면 마음의 평안과 함께 일상의 품격 그리고 창의와 통찰의 원천을 만날 수 있다. 이 책이 고전의 길로 이끄는 작은 우연이 되기를 간절히 바란다.

◇ 차례 ◇

─────────────{ 제4장 }─────────────

몸에 새기고 마음을 벼리듯 공부하라

절차탁마切磋琢磨

──────{ 제5장 }──────

말의 참뜻은 말과 말 사이에 머문다

지지능득知止能得

慎其獨也 신기독야

혼자일 때 더욱 삼가다

제1장

내가 가장
경외하는 존재는
나 자신이다

인간에게는 누구나
자신만의 여백이 있다

．
．
．
．
．

&

．
．
．
．
．

防微謹獨 玆守之常 切問近思 曰惟以相
방미근독 자수지상 절문근사 왈유이상

은미할 때 방비하고 홀로 있을 때 삼가는 것이 마음을 지키는 법도다.
절실하게 묻고 가까운 곳에서부터 생각해 나감으로써
그 마음을 서로 도와 지키라.

_〈구방심재명〉求放心齋銘

주자朱子의 〈구방심재명〉에 실린 글이다. '구방심재명'은 '잃어버린 마
음을 찾는 곳에 새긴 글'이라는 의미로, 주자가 《맹자》에서 인용하여
제자 정정사程正思의 재실에 남겨준 글이다. 그 전문은 이렇다.

"천지에 따라 변화하는 마음을 가리켜 인仁이라 한다. 그와 같은
인자함을 이루는 것은 나 자신에게 있으니 그래서 마음은 몸의 주인
이 된다. 주인이 된다는 것은 무엇인가? 마음은 신명하기에 도무지
측정할 수 없지만, 만 가지 변화를 일으켜 사람의 근본을 세운다. 잠

내가 가장 경외하는 존재는 나 자신이다

시라도 놓아버리면 천 리 밖으로 달아나니, 참되지 않으면 어찌 가지며 삼가지 않으면 어찌 보존하겠는가? 누가 놓아버렸고 누가 찾았는가? 누가 잃어버렸고 누가 가졌는가? 마음은 팔처럼 굽혀지고 펴지며 손바닥처럼 뒤집어지고 엎어지니, 은미할 때 방비하고 홀로 있을 때 삼가는 것이 마음을 지키는 법도다. 절실하게 묻고 가까운 곳에서부터 생각해 나감으로써 그 마음을 서로 도와 지키라."

짧은 글이지만 그 뜻은 깊다. 사람이 하늘과 땅과 함께 세 가지 소중한 존재(삼재三才)가 될 수 있는 까닭은 사람에게 마음이 있기 때문이다. 하지만 사람의 근본이 되는 그 마음을 지키기는 어렵다. 무궁무진하게 변화하고 쉽게 흔들려 붙잡기 어렵기 때문이다. 당연히 내 것이라고 생각하지만 어느 순간 놓쳐 버리고 만다. 이목구비의 욕망과 희로애락의 감정에 빼앗기기 때문이다. 한 번 놓쳐 버린 마음은 쉽게 찾을 길이 없다. 어디에 있는지, 어디로 갔는지조차 알지 못한다.

주자는 '사람답게 살기 위해서는 반드시 마음을 찾고 지켜야 한다'고 말하며 그 이유와 방법을 알려준다. 먼저 마음이 바로 내 것이라는 사실을 분명하게 인식해야 한다. 몸이 내 것인 것처럼 마음도 역시 내 것이다. 보존하는 것도 '나'이고, 놓쳐버리는 것도 '나'다. 앞에 실린 "누가 놓아버렸고 누가 찾았는가? 누가 잃어버렸고 누가 가졌는가"라는 구절이 바로 이러한 이치를 말한다. 팔을 마음대로 굽히고 펴는 것은 내 것이기 때문이다. 하지만 내 몸을 제대로 지키고 보존하려면 좋은 식사와 적절한 운동 그리고 절제가 필요하다.

마음도 마찬가지다. 맹자가 '공부의 시작과 끝은 오직 마음을 지키는 데 있다'라고 했던 것처럼 마음을 내 것으로 보존하기 위해서는 치열한 공부가 필요하다. 주자는 '절실하게 묻고 가까운 곳에서부터 생각해 나감으로써 지켜야 한다'고 말한다. 이는 공자의 제자 자하子夏가 말했던 공부의 법칙으로, 일상에서의 배움을 뜻한다. 특히 혼자 있을 때 마음을 지켜야 한다고 강조하는데, 예문에 있는 "은미할 때 방비하고 홀로 있을 때 삼가라"가 바로 그것이다.

은미할 때는 마음속 작은 징조가 싹을 트기 쉽다. 일상에서 남겼던 후회, 미래에 대한 불안이 스멀스멀 기어 나와 온 마음을 잠식해 버린다. 잠식된 마음은 쉽게 벗어나지 못한다. 마음이 훌쩍 떠나 버리기도 쉽다. 아무도 보는 눈이 없기 때문이다.

혼자가 되는 순간은 마음에 대해 생각할 수 있는 가장 좋은 시간이다. 또 유일한 시간이기도 하다. 공상과 욕심에 떠밀린 마음을 붙잡고 잠잠히 자신을 돌아볼 때 아무런 가식도, 허식도 없는 본연의 내 모습을 볼 수 있다. 그때 내가 얼마나 소중한지, 어떻게 지켜야 하는 존재인지 알 수 있다. 그럼으로써 관계에 얽매여 의무감이나 책임감, 중압감에 억눌리지 않는 진정한 자유인으로서 홀로 설 수 있다.

오늘도 많은 것을 눈에 담았지만,
잠들기 전 홀로 하루를 되감으며
마음에 담는 것만이 삶에 새겨진다.

내가 가장 경외하는 존재는 나 자신이다

내게 가장 가까우면서
가장 먼 존재는 나 자신이다

相在爾室 尙不愧于屋漏
상재이실 상불괴우옥루

그대가 방에 홀로 있을 때 살펴야 하니
이때는 방구석에도 부끄러움이 없어야 한다.

_《중용》中庸

《논어》를 비롯한 많은 고전에서는 군자와 소인을 자주 비교한다. 군자는 학문과 수양이 뛰어난 선비를 이르고, 소인은 높은 이상보다는 현실에 충실한 평범한 사람을 의미한다. 신분상으로 군자는 백성을 다스리는 관직에 있는 사람, 소인은 다스림을 받는 백성이다. 이를 나타내는 대표적인 구절이 《논어》에 실려 있는 '군자유어의 소인유어리' 君子喩於義 小人喩於利 다. "군자는 의리에 밝고, 소인은 이익에 밝다"는 뜻으로 삶에서 추구하는 목표가 인의예지의 도리인지, 혹은 이익인지에 따라 둘을 구분한다.

추구하는 바에 따라 그들이 일상에서 빚어내는 저마다의 삶은 서로 분명한 차이를 보인다. 특히 이익이 되는 일을 대할 때 가장 뚜렷하게 구분되는데, 군자는 이익을 보면 그것을 취하는 것이 의로운 일인지를 먼저 생각하지만(견리사의見利思義), 소인은 이익을 탐하는 데 거리낌이 없다. 눈앞의 이익에 눈이 멀기에 오히려 큰 것을 잃어버리기도 한다. 소탐대실小貪大失이 뜻하는 바다.

앞의 예문은 혼자 있을 때 군자가 취해야 하는 올바른 자세를 말해준다. 그 전문은 이렇다.

"《시경》詩經에서 이르기를 '네가 방에 홀로 있을 때 방구석에도 부끄러움이 없어야 한다'고 했다. 그러므로 군자는 움직이지 않아도 공경을 받고, 말하지 않아도 신임을 얻는다."(시운 상재이실 상불괴우옥루 고군자 부동이경 불언이신詩云 相在爾室 尙不愧于屋漏 故君子 不動而敬 不言而信)

아무도 없는 방 안에 있을 때에도 바른 행동을 취하고 부끄러운 일을 하지 않기에 군자는 존경과 신임을 받을 수 있다는 뜻이다. 예문에서 인용한 《시경》〈억〉抑에는 좀 더 실감나게 실려 있다.

"그대가 군자들과 사귀는 것을 보니 안색을 온화하고 부드럽게 해서, 혹 허물을 짓지 않을까 삼가는구나.

그대가 방에 홀로 있을 때 살펴야 하니 이때는 방구석에도 부끄러움이 없어야 한다.

드러나지 않는 곳이라 하여 보는 이가 없다고 하지 마라.

신이 이르는 것은 헤아릴 수 없으니, 어찌 게을리할 수 있겠는가?"

내가 가장 경외하는 존재는 나 자신이다

사람들과 교류하는 장소에서는 누구나 예의를 지켜야 한다. 꼭 군자가 아니라도 어느 누구든 마찬가지다. 하지만 사람들이 없는 곳에서는 진정한 군자와 겉보기에만 군자가 구분된다. 진정한 군자라면 혼자만의 시간에 부끄러운 행동을 하지 않는다. 예문에서 '방구석'은 원문으로는 옥루屋漏인데, 옛날에는 이곳에 신주神主를 모셨다. 요즘도 흔히 쓰는 신줏단지를 가리킨다. '신이 이르는 곳'이므로 방안에 '너 혼자만 있는 것이 아니다'라는 엄중한 경고다.

〈억〉은 위衛나라 무공武公이 스스로를 경계하기 위해 지어 올리라고 했던 시로, 나라의 최고 지도자를 위해 쓰인 글이다. 절대권력을 가졌던 군주가 국가 통치에서 수많은 경륜을 쌓은 후 자신을 가다듬기 위해 지었던 문장인 만큼 리더로서 지켜야 할 귀한 가르침으로 받아들여진다.

물론 평범한 우리에게도 혼자만의 시간은 소중하다. 많은 관계 속에서, 번잡한 공간에서 부대끼다가 유일하게 자유를 얻을 수 있는 시간이기도 하다. 이러한 시간에 자신을 지나치게 옭매는 것도 바람직하지는 않다. 마음과 영혼을 자유롭게 풀어줄 수도 있어야 한다.

하지만 반드시 지켜야 할 것이 있다. 자유롭게 자신만의 시간을 즐기되 불의한 유혹에 탐닉해서는 안 된다. 설사 유혹에 빠졌더라도 곧 자신을 가다듬을 수 있어야 한다. 스스로 잘못을 범하는 것도, 잘못을 돌이키는 것도 혼자만의 시간에 이루어진다.

신독, 혼자 있는 시간의 힘

사람에게는 달처럼 누구에게도 보여주지 않는
자신만의 이면이 있다.
고독은 그 낯선 이면을 비춰 보는 시간이다.

긍지는 내가 나의 주인이 되었을 때 주어진다

君子 必愼其獨也
군자 필신기독야

군자는 반드시 홀로 있을 때를 삼간다.
_《대학》

어른의 공부를 위한 책 《대학》에서 가장 유명한 구절은 '수신제가치국평천하'일 것이다. 나라를 다스리고 천하를 평안하게 하는 큰 뜻을 위해서는 반드시 먼저 자신을 수양하고, 집안을 바로 다스려야 한다는 의미다. 오늘날 이른바 명사들이나 사회 지도층을 보면서 이 구절의 의미를 절감한다. 바탕은 없이 능력을 오직 출세의 수단으로만 쓰는 사람이 너무 많다.

하지만 수신도 그냥 이뤄지는 것은 아니다. 《대학》에는 수신하기 위한 절차가 실려 있는데, 바로 격물格物, 치지致知, 성의誠意, 정심正心이다. 많은 공부로 지식을 갖추고, 성실한 뜻과 올바른 마음을 갖춰

신독, 혼자 있는 시간의 힘

야 비로소 수신이 가능하다.

예문은 성의, 즉 '뜻을 성실히 하다'의 조건과 실천 방법을 비유로 알기 쉽게 말해준다. 그 전문은 이렇다.

"뜻을 성실히 한다는 것은 자신을 속이지 않는다는 의미다. 악취를 싫어하는 것처럼 악을 싫어하고, 아름다움을 좋아하는 것처럼 선을 좋아하는 것, 이것을 일러 스스로 겸손하다고 한다. 그러므로 군자는 반드시 그 홀로 있을 때를 삼간다."

옛 선비들의 중요한 수양의 덕목인 '신독'이 처음 나오는 구절이다. 신독의 전제는 스스로에게 솔직해지는 것이다. 잘못을 알면서도 짐짓 모른 체하거나, '다음에 해야지', '지금은 더 중요한 일이 있으니까' 하고 미루는 것은 자신을 속이는 일이다.

악취를 싫어하고, 아름다움을 좋아하는 것은 사람의 본성이다. 이러한 본성처럼 성실함을 지켜야 그다음 단계인 정심, 즉 바른 마음으로 나아갈 자격이 생긴다. 예문은 다음과 같은 구절로 이어진다.

"소인은 한가롭게 있을 때 무슨 일이든지 하지만, 군자와 마주치면 슬그머니 선하지 못한 것을 감추고 선한 모습으로 자신을 드러낸다. 하지만 상대방은 그 사람의 폐부를 들여다보는 것처럼 훤히 살피니 무슨 소용이 있겠는가? 이를 일러 안의 것이 밖으로 드러난다고 한다. 따라서 군자는 반드시 그 홀로 있을 때를 삼간다."

사람이 거짓으로 아무리 자신을 꾸며도 그 거짓됨은 결국 밖으로 드러난다. 당장은 완벽하게 속였다고 생각할 수 있다. 하지만 시간이 지나면서 정체는 반드시 드러난다. 특히 많은 사람이 지켜보면 그 모

내가 가장 경외하는 존재는 나 자신이다

자람을 숨길 수 없다. 증자曾子는 이렇게 말했다.

"수많은 눈길이 주시하고, 수많은 손이 가리키고 있으니 이 얼마나 준엄한가!"

여기까지 보면 신독은 결코 쉽지 않은 자세인 것처럼 느껴진다. 당연하다. 옛 선비들조차 치열하게 자신을 가다듬고 수양해야 얻을 수 있는 경지가 아닌가. 하지만 어려운 만큼 그 보상은 크다.

수신제가치국평천하의 큰 꿈이 있다면 반드시 올바른 뜻과 바른 마음을 바탕으로 삼아야 한다. 신독은 자신에게 그 자격이 있는지 스스로 검증하는 과정이다. 먼저 스스로를 인정할 수 있을 때 사람들과 세상으로부터도 인정을 구할 수 있다. 그리고 세상에 뜻을 펼칠 수 있다. 예문에 이어서 《대학》에서는 이렇게 말한다. "부는 집안을 윤택하게 하고 덕은 몸을 윤택하게 한다. 마음은 넓어지고 몸이 편안해진다. 그러므로 군자는 반드시 뜻을 성실하게 한다." 신독은 그 시작이자 근본이 된다.

누구나 부자가 되고 싶어 한다. 경제적 자유를 얻고, 많은 것을 누릴 수 있기 때문이다. 하지만 부가 늘어날수록 마음의 평안으로부터는 멀어지기 쉽다. 더 많은 부를 갖고 싶은 욕심과 그것을 누가 빼앗지 않을까 하는 두려움으로 마음이 시끄럽기 때문이다. 마음의 평안은 부의 많고 적음에 영향을 받지 않는다. 가난에 처해도 만족할 수 있고, 부에 처해도 행복할 수 있는 자세는 바로 성의誠意, '올바른 뜻'에서 비롯된다.

신독, 혼자 있는 시간의 힘

고독은 남보다 위대해지기 위해서가 아니라
어제의 나보다 위대해지기 위해 필요한 시간이다.

마음을 지키려면 먼저
그 마음을 지켜봐야 한다

原來愼獨云者 謂致愼乎己所獨知之事 非謂致愼乎己所獨處之地也
원래신독운자 위치신호기소독지지사 비위치신호기소독처지지야

신독이라 함은 자기 홀로 아는 일에서 신중을 다해 삼간다는 것이지,
단순히 혼자 있는 곳에서 삼간다는 의미가 아니다.

_《심경밀험》心經密驗

우리는 대개 낮에는 일하고 밤에는 잠을 잔다. 자연의 이치이자 생리
적인 욕구이므로 거의 대부분이 여기서 벗어날 수는 없다. 그리고 잠
자기 전과 잠에서 깬 다음에는 누구에게나 혼자만의 시간이 주어진
다. 사람은 낮의 성과를 통해 자신의 가치를 인정받는데, 그 일의 성
과를 좌우하는 것이 바로 혼자만의 시간이다. 우리는 혼자만의 시간
을 통해 마음의 평안을 얻고, 실력을 쌓고, 능력을 키우는 힘을 얻는
다. 혼자만의 시간을 어떻게 보냈는지에 따라 낮의 성과가 달라지고,
나아가 미래가 달라진다.

그래서 옛 선비들은 혼자만의 시간을 신독의 기회로 삼았다. 혼자 있을 때에도 도리에 어긋남이 없도록 하는 데 그치지 않고 충실한 낮을 보내기 위한 준비로 삼았다. 그래서 혼자만의 시간은 곧 수양과 치열한 증진의 기회였다. 말년에 이르러 다산 정약용은 마음을 다스리기 위한 단 한 권의 책으로 《심경》心經을 꼽았다. 그리고 《심경》을 해설한 책 《심경밀험》에서 신독에 대해 이렇게 생각을 밝혔다.

"원래 신독이라 함은 자기 홀로 아는 일에서 신중을 다해 삼간다는 것이지, 단순히 혼자 있는 곳에서 삼간다는 의미가 아니다. 사람이 방에 홀로 앉아서 자신이 했던 일을 묵묵히 되짚어 보면 양심이 드러난다. 이는 방안 어두운 곳에 있으면 부끄러움이 드러난다는 것이지, 어두워 보이지 않는 곳에서 감히 악을 행해서는 안 된다는 뜻이 아니다. 사람이 악을 행하는 것은 늘 사람과 함께하는 곳에서다."

다산은 홀로 있을 때 신중히 하라는 가르침을 단순히 공간의 개념, 시간의 개념에 한정하지 않았다. 혼자 있을 때 단정히 하는 것은 마음공부를 하는 사람으로서 당연한 자세이며, 오히려 사람들과 교제하면서 다른 사람이 모른다고 해서 해를 끼치고 악을 행했던 일은 없는지 혼자 있을 때 돌이켜 보라는 것이다. 다산에게 신독이란 특별한 행동거지가 아니라 그저 일상에서 지켜야 하는 도리였다. 그리고 다산은 이렇게 글을 덧붙였다.

내가 가장 경외하는 존재는 나 자신이다

"요즘 사람들이 '신독' 두 글자를 인식하는 것이 분명하지 않기 때문에, 때로 어두운 방에서 옷깃을 바르게 하고 단정히 앉아 있을 수 있다고 해도 매번 다른 사람과 교제하는 곳에서는 비루한 거짓과 모함을 행한다. 그러면서도 '사람들이 모르고 하늘이 듣지 못한다'고 말하니 어찌 '신독'이 그와 같겠는가?"

다산에게 신독이란 자신만이 알 수 있는 마음을 깨끗이 하고 신중하게 살피는 마음 수양의 경지였다. 특히 그는 인간관계에서 타인을 속이고 피해를 주는 음험한 행동을 하면서도 겉으로는 깨끗한 척하는 가식을 경계했다. 흔히 사람들은 다른 사람이 볼 때에는 체면과 평판을 생각한다. 하지만 보는 눈이 없을 때에는 양심을 저버리는 행동을 하는 경우가 많다. 우리도 예사롭게 하는 행동일 것이다. 마음에 걸리는 일을 저질러 버리고, 아예 잘못이 없는 것처럼 자신마저 속이기도 한다.

하지만 "숨은 것보다 더 잘 드러나는 것이 없으며, 미세한 것보다 더 잘 나타나는 것은 없다"(막현호은 막현호미莫見乎隱 莫顯乎微)는 《중용》의 말처럼 언젠가는 그 바탕이 드러나고 만다. 설사 세상 사람 모두가 모르더라도 나 자신은 알기에, 다산은 그 차원을 넘어서라고 말한다. 남이 보는 것을 부끄러워하는 정도가 아니라, 더 엄격한 잣대로 스스로를 다스릴 때가 바로 진정한 신독이라는 것이다.

이 말은 그 탁월한 능력으로 정조의 총애를 받았지만, 다른 신하들의 질시와 미움을 받았던 다산의 처지와 깊은 연관이 있다. 당파 싸움과 비열한 권력 다툼에 여념이 없었던 당시 실권자들은 결국 귀양이라는 방법을 통해 다산을 밀어냈다. 그들은 내심 다산이 오랜 유배 생활에 지쳐 무너지기를 바랐지만 다산은 험난한 18년간의 귀양살이 내내 신독의 시간을 지켰다. 그리고 500여 권에 달하는 〈여유당전서〉與猶堂全書로 남을 방대한 저작들을 완성해냈다.

신독의 사람은 어떤 상황에서도 무너지지 않는다.

생은 죽음으로 끝나는 것이 아니다.
일상에 마모되어 사소한 타협들에 끌려 다닐 때
하루하루 조금씩 잃어가는 것이다.

내가 가장 경외하는 존재는 나 자신이다

지금의 모습은 지금의 마음을 비춘 거울이다

心不在焉 視而不見 聽而不聞 食而不知其味 此謂修身在正其心
심부재언 시이불견 청이불문 식이부지기미 차위수신재정기심

마음이 없으면 보아도 보이지 않고, 들어도 들리지 않고, 먹어도 그 맛을
알지 못한다. 이를 일러 수신이라 하니 그 마음을 바르게 함에 있다.
_《대학》

《대학》에 실려 있는 수신제가치국평천하에서 수신의 바로 전 단계인
'정심'正心에 관한 해설이다. 몸을 닦는 수신의 시작은 마음을 바르게
하는 것에 있고, 마음이 없다면 몸의 수양은 이뤄질 수 없다는 의미
다. 막연하다고 느껴질 수도 있을 텐데, 예문의 앞에 실린 구절을 보
면 좀 더 이해하기가 쉽다.

"이른바 자신을 닦는 것이 마음을 바르게 하는 데 달려 있다는 말
은 자신이 분노하는 바가 있으면 그 바름을 얻지 못하고, 두려워하는
바가 있으면 그 바름을 얻지 못하며, 즐기는 것에 탐닉하면 그 바름을

얻지 못하고, 근심하는 바가 있으면 그 바름을 얻지 못한다는 뜻이다."

이 구절에 따르면 마음을 다스림이란 곧 감정을 다스리는 것이라고 할 수 있다. 분노와 두려움 그리고 즐거움, 근심은 모두 사람에게 있어 가장 중요한 감정들로 일곱 가지 감정의 요소인 희로애락애오구 喜怒哀樂愛惡懼를 거의 다 망라하고 있다.

이 구절을 두고 주자는 "마음을 제대로 지키지 못하면 그 몸도 바르게 할 수 없다. 이 때문에 군자는 반드시 마음이 바르게 지켜지는지를 살펴서 삼가는 것으로 마음을 굳게 한다. 그런 뒤에야 이 마음은 오랫동안 지켜질 수 있게 되어, 그 몸도 닦이지 않는 바가 없게 된다"고 해설했다.

송나라 말기 유학자 김이상金履祥의 해설은 좀 더 공감이 간다. 희로애락의 감정에 쉽게 휩쓸리는 평범한 사람의 한계를 인정하고 있기 때문이다.

"분노와 원망, 무서움과 두려움, 좋음과 기쁨, 근심과 걱정, 이 네 가지는 희로애락이 발현된 것이니 마음의 쓰임이다. 따라서 사람에게는 없을 수가 없다. 그런데 어찌하여 희로애락을 미워하면서 그 바름을 얻지 못하겠다고 하는가? 무릇 마땅히 화를 내야 하면 화를 내되 그 화를 다른 사람에게 옮기지 말아야 하고, 마땅히 두려우면 두려워하되 지나치게 겁을 내어서는 안 되며, 좋으면 좋아하되 지나친 욕심이 되어서는 안 되고, 근심할 만하면 근심하되 마음이 상할 정도로 해서는 안 된다. 이렇게 해야 마음의 본체와 그 쓰임이 바르게 되는 것이다."

내가 가장 경외하는 존재는 나 자신이다

희로애락의 감정 자체가 나쁜 것이 아니다. 단지 그 감정을 조화롭고 적절하게 발현하지 못하는 것이 문제다. 무조건 절제해 아예 감정을 드러내지 않는 것은 사람인 이상 불가능하다. 감정을 지나치게 발현해 자신을 잃고 과격해지거나 심각해지는 것 역시 바른 마음이 아니다. 감정에도 지나치거나 모자라지 않는 중용의 도가 필요한 것이다.

일상을 살아가면서 감정을 느끼고 또 드러내는 것은 당연한 일이다. 사람과의 관계, 뜻하지 않은 상황에서 우리는 다양한 감정을 느낄 수밖에 없다. 이때 고전의 가르침대로 쉽게 흔들리지 않고 중용을 지키면 좋겠지만, 평범한 사람에게는 불가능한 일이다. 높은 수양의 경지에 있는 사람일지라도 마찬가지다. 그래서 공자도 "잘못을 고치지 못하는 것이 나의 잘못이다"라고 하며 순간순간 자신을 돌아보았을 것이다. 날마다 자신의 마음을 비우는 연습을 했다는 어떤 도인의 말 또한 같은 이유에서 나왔을 것이다.

우리도 마음의 평안을 얻기 위해서는 마음을 다스릴 수 있어야 한다. 하루에 드물게 주어지는 혼자만의 시간을 소중히 여겨야 하는 이유다. 사람과의 관계, 일로 인한 부담, 오늘 저질렀던 잘못이나 실수에 대한 후회 등은 모두 마음의 찌꺼기가 된다. 이것들을 모두 비우고, 자신을 맑게 정리할 때 새로운 내일을 맞을 수 있다.

아무것에도 영향받지 않고, 아무도 간섭하지 않는 시간은 가장 솔직하게 자신을 돌아볼 수 있는 기회다. 일상을 보내며 생겨난 모든 욕망과 감정의 찌꺼기를 그대로 안고 잠자리에 드는 것은 무모한 일이다. 하루를 마치고 몸을 씻듯이 마음에도 샤워가 필요하다. 마음의 찌꺼기를 비우고, 모두 털어내는 마음의 샤워는 나를 새롭게 한다. 다시 힘차게 내일을 맞을 힘을 얻는 시간이 된다.

❖

모든 감정에는 그럴 만한 이유가 있다.
버려야 할 것은 감정이 아니라
그것을 제때 다스리지 못하는 나의 미련이다.

내가 가장 경외하는 존재는 나 자신이다

떠도는 마음을 붙잡고 싶다면
잠시 머무르라

爲無爲 事無事 味無味 大生於小 多起於少 報怨以德
위무위 사무사 미무미 대생어소 다기어소 보원이덕

하지 않음으로써 행하고 일하지 않음으로써 일하고
맛이 없음으로써 맛을 낸다. 큰 것은 작은 것에서 비롯되고
많음은 적음에서 일어난다. 원한은 덕으로써 갚는다.

_《도덕경》

유가儒家의 시조인 공자의 철학이 '세상을 바꾸기 위해 열심히 노력해야 한다'는 유위有爲라면, 노자老子를 시조로 하는 도가道家는 '아무것도 하지 않아야 오히려 세상이 구제될 수 있다'는 무위無爲를 주장한다. 따라서 노자의 철학은 비움과 낮춤의 철학이라고도 한다. 채우려면 먼저 비우고, 높아지려면 스스로 낮추라는 노자의 철학은 그래서 역설적이다. '약한 것이 강한 것을 이기고, 부드러운 것이 단단한 것을 이긴다'는 것은 현실에서는 통하지 않는 이치처럼 보이지만, 노자

의 철학에서는 진리이다.

노자의 철학을 집대성한 책, 《도덕경》제43장에는 다음과 같이 실려 있다.

"하늘 아래 가장 부드러운 것이 하늘 아래 가장 단단한 것을 다스린다. 틈이 없는 것에도 아니 들어감이 없다. 나는 이로써 무위의 유익함을 안다. 말하지 않는 가르침, 하지 않는 것의 이로움, 하늘 아래 누가 이에 미칠 수 있으리오."

부드러움이 단단함을 다스리는 이치를 가능하게 하는 것이 바로 하지 않는 것, 무위다. 하지 않음으로써 가르치고 이롭게 하기에, 하늘 아래에서 가장 강할 수 있다고 노자는 말한다.

노자는 '낮춤의 철학'으로 물의 위대함을 들었다. 《도덕경》제8장에 실려 있는 유명한 구절이다. "최고의 선은 물과 같다.(상선약수上善若水) 물은 모든 만물을 잘 자라게 하지만 다투지 않는다. 스스로 모든 사람이 싫어하는 낮은 곳에 머문다. 그래서 물은 도와 가깝다."

물에는 만물을 이롭게 하는 가장 위대한 힘이 있지만, 스스로는 낮은 곳을 찾는다. 높은 곳에 머물지 않고 낮은 곳으로 흘러가기에 최고의 선을 지닌 존재라는 것이다. 이는 사람도 마찬가지다. 높은 곳에 있는 사람이 자리를 고집하지 않고 스스로 낮은 곳을 택하면 오히려 더 높임을 받을 수 있다.

《도덕경》제63장에 실려 있는 예문도 무위와 역설의 철학을 잘 말

내가 가장 경외하는 존재는 나 자신이다

해준다. '하지 않는 것'은 말 그대로 아무것도 하지 않는 것이 아니다. 하지 않는 것을 하는 것이다. 우리가 꼼짝하지 않고 있다고 해서 생각조차 하지 않는 것은 아니다. 오히려 몸을 가만히 둘 때 생각은 더욱 활발해진다.

우리가 신독의 시간에 해야 할 행동도 이와 같다. 유혹에 휩쓸리는 것, 욕심에 무너지는 것, 후회에 가슴을 치는 것이 아니라 잠시 멈추는 것이다. 일에 대한 생각도, 마음을 짓누르는 고민도 모두 마음에서 덜어내야 한다. 유혹과 욕심과 후회와 근심을 마음에서 몰아내면 마음은 공백 상태가 된다. 그 자리에 좋은 것, 선한 것을 채우면 된다. 아무것도 하지 않으면서 하는 것, 일하지 않으면서 일이 이뤄지는 것, 더 크고 많은 것을 얻을 수 있는 시간이 바로 그때다.

우리는 온종일 무언가를 이루기 위해 바쁘게 살아간다. 남보다 더 빨리 이루기 위해, 더 많은 것을 얻기 위해 '일'을 수단으로 삼아 자신을 몰아붙인다. 아무리 지치고 피곤해도 쉬지 못한다. 마치 눈앞에 당근을 매달아 놓은 노새처럼 닿을 수 없는 당근을 향해 끊임없이 달린다. 힘을 다해 달리지만 계속 채찍질을 당하는 말과도 같다. 정신없이 자신을 몰아붙이지만 정작 방향은 잊고 산다. 이정표도 없기에 어디로 가는지조차 모른다. 이때 필요한 것이 고요함이다. 《도덕경》에는 이렇게 실려 있다. "무거움은 가벼움의 뿌리요, 고요함은 조급함을 지배한다."(중위경근 정위조군重爲輕根 靜爲躁君)

가볍게 팔랑이던 자신을 내려 놓고, 무겁게 내려 앉을 때 고요함을 찾을 수 있다. 그리고 자신의 내면을 가장 솔직하게 들여다볼 수

신독, 혼자 있는 시간의 힘

있다. 혼자만의 시간은 아무것도 하지 않는 시간이 아니다. 내가 원하는 일을 이룰 수 있는 준비의 시간이다. 뜻을 이루기 위한 축적의 시간이다.

마음에 여백을 두는 까닭은
살아가며 놓쳐왔던 나로 다시 채우기 위함이다.

내가 가장 경외하는 존재는 나 자신이다

너무 빠르게 걸으면
풍경을 놓치게 된다

我有三寶 持而保持 一曰 慈 二曰 儉 三曰 不敢爲天下先
아유삼보 지이보지 일왈 자 이왈 검 삼왈 불감위천하선

나에게는 세 가지 보물이 있으니 이것을 잘 간직해 소중히 지키고 있다.
첫째는 자애로움이요, 둘째는 검약함이요,
세 번째는 남보다 앞서지 않으려는 마음이다.

_《도덕경》

노자는 《도덕경》 제67장에서 자신의 세 가지 보물(삼보三寶)에 대해 말했다. 예문이 그 핵심인데, 그 전문은 이렇다.

"나에게는 세 가지 보물이 있으니 이것을 잘 간직해 소중히 지키고 있다. 첫째는 자애로움이요, 둘째는 검약함이요, 세 번째는 남보다 앞서지 않으려는 마음이다. 사람을 사랑하므로 도리어 용기가 있을 수 있고, 검약하므로 도리어 넉넉할 수 있으며, 남보다 앞서지 않기에 도리어 큰 그릇이 될 수 있다. 하지만 사람들은 사랑을 버리고 용감하

고자 하고, 검약을 버리고 넉넉하고자 하고, 뒤로 물러남을 버리고 앞
장서고자 한다. 그렇게 이르는 곳은 죽음뿐이다. 무릇 사랑으로 싸우
면 이기고, 사랑으로 지키면 견고하다. 하늘이 장차 구원하려 하면 사
랑으로써 보호할 것이다."

　노자가 마치 오늘날의 세태를 두고 말하는 것 같다. 더 높은 자리
를 차지하기 위해 치열하게 싸우지만 한 번 높은 자리에 오른 사람은
더 높이 오르려 하고, 결코 만족하는 법이 없다. 심지어 위에 있는 사
람을 끌어내리고, 앞에 선 사람은 발을 걸어 넘어뜨린다. 부와 재물을
채우려고만 하지, 나누려는 사람은 드물다.

　이러한 때 노자는 사랑과 배려 그리고 겸손을 말했다. 사랑의 마
음이 있기에 어떤 상황에서도 용감할 수 있고, 배려의 마음으로 가진
것을 아껴 다른 사람과 나눌 수 있다. 겸손한 마음으로 뒤로 물러남
으로써 더 성숙한 자신을 만들 수 있다. 결국 바라는 것을 이룰 수 있
고, 힘이 부족하면 하늘의 도움도 받을 수 있다고 노자는 말한다.

　남보다 더 앞서려는 마음은 '조급함'이다. 조급함을 만드는 심리에
는 여러 가지가 있는데, 먼저 남보다 뒤처지지 않을까 하는 불안감이
있다. 요즘 많이 쓰이는 용어인 포모증후군Fear of missing out syndrome이
그것이다. 나만 뒤처지느니 차라리 모두가 퇴보하는 방향이 오히려
마음이 편한 것이다.

　이때는 내가 가진 소중한 것에 집중할 수 있어야 한다. 다른 사람
이 가는 곳에 휩쓸려 앞뒤 재지 않고 따라가다 보면 후회할 일이 생기
는 경우가 많다. 뒤처지고 있다는 불안감이 들 때 필요한 것이 바로

내가 가장 경외하는 존재는 나 자신이다

마음의 고요함이다. 잠잠히 마음을 가라앉히고 행동을 무겁게 할 때 이미 흘려보낸 길이 아니라 나아갈 길이 보인다.

그다음 조급함을 만드는 것은 욕심이다. 남보다 더 높은 곳에 오르고 싶고, 더 빨리 도달하고 싶은 욕망은 마음을 죄어 재촉한다. 조급함에 휩쓸리면 여유가 없어지고 무언가를 시도하려고 무리하게 된다. 하지만 신중하게 잘 준비하지 않고 시작하는 일은 반드시 문제를 만든다.

"무언가를 빨리 이루려고 노력하는 것은 시간을 가불해서 쓰는 것과 같다. 그 대표적인 것이 조급함이다"라는 말이 있다. 주어진 시간에 최선을 다하는 것이 아닌, 앞의 시간을 당겨서 쓰면 정작 더 중요한 일을 할 시간을 놓칠 수도 있다. 며칠씩 밤을 새우거나 필요한 휴식도 취하지 않고, 혹시 일이 성사되지 않을까 근심하며 몸을 혹사하면 당연히 탈이 난다. 내 몸의 건강은 물론, 하고자 하는 일에도 오히려 지장이 생긴다. 내 몸이 무너지면 다른 모든 소중한 것이 무너진다. 일도, 이루고자 하는 뜻도, 심지어 가족도 무너진다. 조금 앞서 나가려다가 가장 소중한 것을 잃게 된다.

물론 내 꿈과 이상을 이루기 위한 노력은 당연히 필요하다. 이는 건전한 욕심이다. 하지만 수단과 방법을 가리지 않는 욕심은 탐욕이다. 이때 필요한 것이 마음의 다스림이다. 그리고 스스로에게 던지는 질문이다.

"나는 무엇을 위해 노력하고 있는가?"

신독, 혼자 있는 시간의 힘

새는 자신을 데려갈 수 있을 만큼만 높이 난다.
그런데 왜 우리는 추락할 때까지 높이 오르려고 할까.

나에게 보내는 간절한 기도처럼
침묵하라

多言數窮 不如守中
다언삭궁 불여수중

말이 많으면 곤란한 일이 자주 생기므로
마음속에 담아두는 것보다 못하다.
_《도덕경》

사람은 말로 자신의 생각을 표현한다. 모든 가르침도, 소통도 말을 통해서 이루어진다. 그래서 '말은 곧 그 사람 자신이다'라고 한다. 말을 통해 생각과 인격 그리고 의지와 감정을 모두 드러내기 때문이다.

　공자는 사람의 수양은 물론 통치의 수단으로서 말을 중요시했다. 《논어》의 맨 마지막 구절에서 "말을 알지 못하면 사람을 알지 못한다"(부지언 무이지인야 不知言 無以知人也)라고 말하기도 했다. 사람을 잘 알기 위해서는 반드시 그 사람이 하는 말을 잘 알아야 한다는 뜻으로, 이 구절을 통해 공자는 사람 공부와 함께 말 공부도 반드시 필요하다는 것을 강조했다.

《논어》에는 말에 대한 공자의 가르침이 많이 실려 있는데, 말의 신중함을 강조하는 내용이 대부분이다. 대표적인 구절이 '교언영색 선의인'巧言令色 鮮矣仁으로, 말의 꾸밈과 행동의 겉치레를 경계하고 있다. 공자는 이런 사람들 가운데 자신의 핵심 철학이자 선비들의 목표인 '인'仁을 갖춘 사람은 드물다고 했다. 심지어 공자는 '말은 뜻을 전달하면 그만이다'(사달이이의辭達而已矣)라고 잘라 말하기도 했다.

맹자 또한 제자 공손추公孫丑를 가르치면서 자신이 가진 두 가지 힘 중에 하나는 '말을 아는 것'(지언知言)이라고 했다. 나머지 하나는 우리도 잘 아는 '호연지기'浩然之氣다. 위대한 두 철학자는 하나같이 '말'이 세상을 통치하는 가장 중요한 수단이며, 말을 잘 아는 것이 세상에 통하는 큰 지혜라고 말한다.

노자는 한 걸음 더 나아가 반대의 입장을 취한다. 무위의 철학자답게 말은 아예 마음에 품고 입 밖으로 내지 말라고 한 것이다.

"말없는 가르침과 하지 않는 것의 유익은 천하에 미칠 만한 것이 없다."(불언지교 무위지익 천하희급지不言之敎 無爲之益 天下希及之)

"아는 자는 말하지 않고 말하는 자는 알지 못한다."(지자불언 언자부지知者不言 言者不知)

"믿음이 있는 말은 꾸밈이 없고 꾸밈이 있는 말은 믿음이 없다. 선한 자는 변론하지 않고, 변론하는 자는 선하지 않다."(신언불미 미언불신 선자불변 변자불선信言不美 美言不信 善者不辨 辯者不善)

내가 가장 경외하는 존재는 나 자신이다

노자는 역설의 철학자답게 말에 대해서도 역설적으로 말해주는데, 예문에서는 그 이유를 말해준다. 많은 말을 통해 나 자신을 드러내려고 하면 돋보이기는커녕 오히려 어려움에 처하게 되니 차라리 마음에 품고 말하지 말라는 것이다. 하지만 아예 말을 하지 않고 살 수는 없으니 어떻게 삶에 적용해야 할지 아리송하다. 그 해답은 독일의 한 철학자가 말해준다.

쇼펜하우어는 '고독을 즐기라'고 말하며, 고독한 자만이 진정한 자유를 얻을 수 있다고 말한다. '말'에 대해서도 깊은 통찰을 주는데, '생각과 말 사이에는 틈을 두라'고 한다. 머리가 생각하는 대로 곧바로 말하지 말라는 것이다. "침묵은 현명함에 관련되고, 말은 허영심과 관련된다. 우리는 침묵이 가져다주는 지속적인 이익보다는 말이 가져다주는 일시적인 만족을 더 선호하는 경우가 많다. 현명한 자세는 생각과 말 사이에 커다란 틈을 벌려 두는 것이다."

이는 순자荀子의 말과 놀랍게 일치한다. "군자의 학문은 귀로 들어와 마음에 붙어서 온몸으로 퍼져 행동으로 나타난다. 소인의 학문은 귀로 들어와 입으로 나온다. 입과 귀 사이는 겨우 네 치에 불과하니, 어찌 일곱 자나 되는 몸을 아름답게 할 수 있겠는가?"

사람들의 모든 관계는 말을 통해 이뤄진다고 해도 과언이 아니다. 말을 할 수 있기에 사람들은 함께하는 삶을 영위할 수 있다. 하지만 우리가 관계에서 겪는 어려움 또한 말로 인한 것이 많다. 다른 사람이 하는 말뿐 아니라 나 자신이 뱉은 말로 인해 힘들어하고 마음이 상한다. '차라리 그때 그 말을 하지 말았으면….' 아마 모두가 숱하게 가졌

신독, 혼자 있는 시간의 힘

던 후회였을 것이다.

우리가 유일하게 말을 하지 않을 수 있는 때가 있다. 바로 혼자만의 시간이다. 혼자만의 시간은 유일하게 '나'에게 말을 거는 시간이다. 나에게 하는 말은 가장 솔직한 말이다. 감추고 싶고, 입 밖으로 내기 부끄러운 말들도 숨기지 않고 할 수 있다.

우리는 세상과 만나 말을 익히고
자신과 마주하며 침묵을 배운다.

내가 가장 경외하는 존재는 나 자신이다

공부란 삶의 모든 순간마다
생각을 놓지 않는 것이다

心之官則思 思則得之 不思則不得也
심지관즉사 사즉득지 불사즉부득야

마음은 생각을 한다. 생각을 하면 얻지만
생각이 없으면 얻지 못한다.

_《맹자》

"낮에 읽은 것은 반드시 밤에 생각해 풀어본다."(주지소독 야필사역晝
之所讀 夜必思繹)

퇴계 이황의 공부법이다. 낮에 공부를 했다면 반드시 밤에 되짚어
생각해서 온전한 내 것으로 삼아야 한다는 가르침이다. 아무리 머릿
속에 담았다 해도 단순히 외워서 익힌 것은 진정한 내 것이 될 수 없
다. 생각을 통해 판단하고, 비판하고, 수정해서 다시 머릿속에 담아야
비로소 진정한 지식이 된다.

'밤에 생각해본다'는 말에는 공부 못지않게 자기 수양에 대해서도

중요한 의미가 담겨 있다. 바로 신독이다. 앞서 밝혔듯 홀로 있을 때 몸가짐을 바르게 삼가는 것을 넘어, 낮에 있었던 행동을 되짚으며 성찰하고자 하는 자세다. 탁월함은 잘못을 아예 저지르지 않는 것이 아니라, 날마다 자신을 돌아봄으로써 이루어진다.

예문에서 맹자는 '왜 생각을 해야 하는지'에 대해 말해준다. 제자 공도자公都子가 "사람은 모두 똑같은데 왜 어떤 사람은 대인이 되고, 어떤 사람은 소인이 됩니까?"라고 묻자 맹자가 가르친 말이다. 맹자는 "몸의 큰 부분을 따르면 대인이 되고, 작은 부분을 따르면 소인이 된다"라고 하며, 몸의 큰 부분은 마음이라고 가르쳤다. 그 이유는 마음은 생각을 하기 때문이라고 하며, 예문에 나오는 말을 했다. "마음은 생각을 한다. 생각을 하면 얻지만 생각이 없으면 얻지 못한다."

맹자는 이어서 이렇게 말한다. "이것은 하늘이 나에게 준 것이다. 먼저 큰 것을 세우면 작은 것이 빼앗지 못한다. 이에 대인이 될 수 있다." 먼저 마음을 굳게 세우고 옳고 그름에 대해 분명히 하게 되면 작은 것들, 몸의 욕심과 탐욕에 마음을 빼앗기지 않을 수 있다. 그리고 그 마음은 하늘이 준 소중한 것이기에 반드시 지켜야 한다고 맹자는 설파했다.

공자도 생각에 대해서 많은 가르침을 전했다. 생각을 통해 배움을 얻고, 자신의 존엄성을 알게 되고, 올바른 삶의 방향을 알게 된다는 것이다. 따라서 공자는 삶의 모든 순간 '생각'을 하라고 권했다. '군자유구사'君子有九思, '군자에게는 아홉 가지 생각이 있다'는 가르침이다.

"군자에게는 항상 생각하는 것이 아홉 가지가 있다. 볼 때에는 밝

내가 가장 경외하는 존재는 나 자신이다

게 볼 것을 생각하고, 들을 때에는 똑똑하게 들을 것을 생각하고, 얼굴빛은 온화하게 할 것을 생각하고, 몸가짐은 공손하게 할 것을 생각하고, 말할 때는 진실하게 할 것을 생각하고, 일할 때는 공경스럽게 할 것을 생각하며, 의심이 들 때는 묻는 것을 생각하고, 성이 날 때는 뒤에 겪을 어려움을 생각하고, 이득이 될 것을 보았을 때는 그것이 의로운가를 생각한다."

공자가 꼽은 아홉 가지는 사람의 거의 모든 행동을 포괄한다. 이 모든 행동을 하기 전에 반드시 생각이라는 과정을 거쳐야 군자로서의 품격이 지켜질 수 있다는 것이다. 공자의 가르침에 덧붙여 맹자는 이렇게 말한다.

"무엇이든지 얻고 싶은 것이 있으면 생각을 하라."

우리는 인성과 품격은 물론 학문, 성공, 명예 등 원하는 것은 거의 무엇이든지 얻을 수 있다. 항상 생각하며 사는 삶의 태도는 그러한 바람을 그냥 얻게 하는 것이 아니라 가장 바른 방법으로 정당하게 얻도록 만든다. 하늘이 준 바른 심성이 우리 마음에는 있기 때문이다. 설사 잠깐 잊을지언정 언제나 마음에는 머물러 있다. 그것을 불러내는 것이 바로 생각이다.

공자는 말했다.
"'어찌할까?'라고 스스로 생각할 줄 모르는 사람은
나도 어찌할 수가 없구나."

소소한 하루를 정성껏 쌓다 보면
위대함에 도달한다

精誠所至 金石爲開
정성소지 금석위개

정성이 지극하면 쇠와 돌도 열린다.

_《후한서》後漢書

공자의 손자인 자사子思가 쓴 《중용》은 '정성'(성誠)을 핵심 가치로 삼고 있다. 《중용》 제25장에 실린 글이다.

"정성이라는 것은 만물의 처음이요 끝이니, 정성이 없으면 만물이 없는 것이다(성자물지시종 불성무물誠者物之始終 不誠無物). 그러므로 군자는 정성을 소중히 여긴다. 스스로를 완성할 뿐 아니라 세상 만물을 이루게 하기 때문이다."

이처럼 《중용》이 말하는 '성'誠에는 정성이 곧 세상의 근원과 같다는 이치가 담겨 있다. 또한 정성은 자신의 일을 이루는 것만이 아니라, 주위의 모든 것에도 유익을 줄 수 있다. 나를 바로 세움으로써 내

신독, 혼자 있는 시간의 힘

가 접하는 주위 사람들에게 보탬이 되는 것이다. 《사기》史記 〈이광열전〉李廣列傳에는 정성에 대해 알려주는 고사가 실려 있다.

이광이 어느 날 어두운 밤길을 가다가 무성한 수풀 가운데 늙은 호랑이 한 마리가 졸고 있는 것을 발견했다. 화들짝 놀란 그는 황급히 활을 당겨 호랑이를 명중시켰는데, 가까이 가서 보니 뜻밖에도 호랑이가 아닌 바윗덩어리였다. 놀랍게도 화살은 꽁무니만 가까스로 보일 정도로 바위에 깊이 박혀 있었다. 이광은 물론 사람들 모두가 깜짝 놀랐고, 이광은 의심스러운 마음에 같은 자리에서 다시 활을 당겼다. 그러나 몇 번을 쏘아도 화살은 바위에 꽂히지 않았고 이광은 결국 포기하고 그 자리를 떠났다.

훗날 어떤 사람이 학자 양웅楊雄에게 이에 관해 가르침을 청했다. 이때 양웅이 대답했던 말이 바로 앞의 명구다.

"정성이 지극하면 쇠와 돌도 열린다."

'지극한 정성으로 하면 이루지 못할 일이 없다'는 이야기는 이미 많은 고전에서 소개하고 있다. 《후한서》를 비롯해 《신서》新書 등의 고전에도 비슷한 고사가 실려 있다. 그만큼 고전에서는 일을 이루는 데 '지극한 정성'이 반드시 필요하다고 강조하고 있다. 《중용》 제23장에서는 이러한 정성을 실천하는 마음의 자세, 즉 실천 방법에 대해 이야기해준다.

"작은 일도 지극해야 한다. 그러면 작은 일에도 정성이 있게 되고,

내가 가장 경외하는 존재는 나 자신이다

정성이 있으면 겉으로 드러나고, 겉으로 드러나면 명확해진다. 명확해지면 다른 사람을 감동시킬 수 있고, 감동시키면 변하게 되고, 변하게 되면 새롭게 된다. 오직 세상에서 지극한 정성이 있어야 나와 세상을 새롭게 할 수 있다."

정성의 시작은 작은 일에서부터 최선을 다하는 것이다. 일상에 임하는 자세는 물론 자신을 다스리는 일에서도 예외가 아니다. 자신을 돌아보고 바르게 하는 것을 가리켜 '성찰'省察이라고 한다. 한자를 보면 성省은 적을 소少와 눈 목目으로 구성된다. '눈을 가늘게 뜨고 자세히 살핀다'는 의미다. 사람들이 집중해서 무언가를 자세히 볼 때 나오는 모습이다. 찰察은 집의 지붕을 뜻하는 갓머리 면宀과 제사 제祭로 구성된다. 제사를 지내는 장소와 자세는 가장 경건하고 정성스러워야 하는 만큼 역시 조심스럽게 잘 살펴서 행해야 한다.

이로써 보면 성찰은 먼저 자신을 객관적으로 볼 수 있는 솔직함과 부족함을 인정할 수 있는 겸손 그리고 잘못을 즉각 고칠 수 있는 실천 정신을 바탕으로 한다. 성찰을 통해 스스로를 내려놓고 사심 없이 일을 대할 때, 비로소 작은 일에도 최선을 다할 수 있다.

앞서 이야기한 고사에서는 아무런 욕심 없이 무심코 화살을 쏘았을 때 바위가 뚫리는 믿지 못할 일이 일어났다. 이러한 이광의 상태가 곧 무아의 경지이고 몰입의 상태다. 하지만 바위를 뚫어 이름을 높이려는 욕심이 마음에 들어가자 아무 일도 일어나지 않았다. 우리가 평소에 하는 일에서도 마찬가지다. 놀라운 업적은 어떤 대단한 일을 하겠다는 욕심보다 사심 없이 맡겨진 일에 최선을 다할 때 이뤄진다.

신독, 혼자 있는 시간의 힘

정성이란 오직 자신이 이루고 싶은 일, 단 한 가지에 온 마음을 기울이는 것이다. 공부도 일도 마찬가지다. 무엇을 원하든 일을 이루는 것은 정성이다.

❖

정성이란 세상에 퍼진 햇빛을 한 점으로 모으는 노력이다.
한 초점으로 집중된 햇빛은 마침내 불꽃을 피워낸다.

내가 가장 경외하는 존재는 나 자신이다

反求諸己
반구저기

먼저 나 자신을 돌아본다

제2장

사람은 고개를
돌릴수록 성장한다

지나온 길을 돌아볼 수 있어야
앞으로 나아갈 수 있다

不怨勝己者 反求諸己而已矣
불원승기자 반구저기이이의

이긴 자를 원망하지 않고 모두 자기에게 돌이켜 그 원인을 보아라.
_《맹자》

《논어》〈팔일〉八佾에는 활쏘기에 대한 이야기가 실려 있다. 공자의 철학과 가르침을 집대성한 책에는 어울리지 않는 것처럼 보이나, 활쏘기에는 수양에 관한 남다른 의미가 있기 때문이다.

"군자는 다투는 일이 없으나, 꼭 하나 있다면 활쏘기다. 절하고 서로 양보하며 사대에 오르고, 내려와서는 벌주를 마시니 그 다투는 모습도 군자답다."

학문과 올바름을 추구하는 군자에게 남보다 더 많은 것을 갖기 위한 '다툼'이란 어울리지 않는 일이다. 하지만 활쏘기에는 단순히 승리와 패배로 구분되지 않는 의미가 있는데, 바로 그 속에 담겨 있는

'인'과 '예'의 철학이다. 군자는 활쏘기에서 이런 의미를 추구하고 또 가르침을 얻는다.

'절하고 서로 양보하며' 구절은 상대를 배려하는 자세다. 상대방을 단순히 타도하기 위한 경쟁자로 보는 것이 아니라 함께 수양하는 동지로 인정하는 것이다. '내려와서는 벌주를 마시니' 구절은 올바른 패자의 자세다. '나를 이긴 자'를 미움과 질투의 대상이 아니라 배움의 대상으로 삼는 것이다. 이때 필요한 것이 바로 '나의 부족함을 인정하고 상대의 뛰어남을 인정하는' 반구저기의 자세.

예문은 《맹자》 〈공손추 상〉公孫丑 上에 실려 있는데, '반구저기'의 용어가 직접적으로 표현된 구절이다. 맹자는 활쏘기를 말하기에 앞서 직업에 관해 말을 시작한다.

"화살을 만드는 사람이 갑옷을 만드는 사람보다 인자함이 못하지는 않겠으나, 화살을 만드는 사람은 사람을 상하게 하지 못할까 염려하고, 갑옷 만드는 사람은 사람이 상할까 염려한다. 그러므로 직업을 선택하는 일에 신중해야 한다."

화살은 사람을 살상하는 도구다. 갑옷은 사람을 지키는 도구다. 하지만 사람의 심성이 직업에 의해 결정되는 것은 아니다. 이 구절을 오늘날의 관점에서 보면 납득하기 어려울지도 모른다. 하지만 활이나 갑옷 모두 침략을 막을 때 쓰이는 도구임을 고려하면 두 직업에는 모두 저마다의 의미와 가치가 있다.

신독, 혼자 있는 시간의 힘

오늘날에도 많은 사람이 직업에 대한 고민으로 잠 못 이루는 밤을 보낸다. 직업을 갖지 못해 고민하고, 직업이 마음에 들지 않아서 번민한다. 설사 만족스러운 직장을 가진 사람이라고 해도 직장 내에서 벌어지는 여러 가지 문제들이 잠을 이루지 못하게 한다. 직장 내 폭력이나 따돌림과 같은 극단적인 경우가 아니더라도 일하며 겪는 이런저런 일들이 마음의 평안을 해친다. 더 좋은 성과를 거두고 싶고 더 빨리 승진하고 싶은 욕심, 앞서가는 동료에 대한 질투, 일상에서 벌어지는 다툼이나 처우에 대한 불만이 만들어내는 감정들도 여기에 포함된다. 이러한 마음을 다스리기란 참 어려운 일인데, 이에 대한 해법도 맹자가 제시해준다.

"어질지 못하고 지혜롭지 못해 예의도, 의리도 없다면 남에게 부림을 당하게 된다. 부림을 당하면서도 부끄럽게 여기는 것은 활과 화살을 만드는 사람이 스스로 부끄럽게 여기는 것과 같다. 만약 이를 부끄럽게 여긴다면 차라리 인을 행하라."

직업을 비교하며 맹자가 말하고자 했던 바는 모든 길은 스스로 선택하는 데 달려 있다는 것이다. 자신이 선택할 수 있는데도 선택을 타인에게 미루는 것은 부끄러운 일이다. 자기 삶을 주체적으로 결정하고 바른 길을 갈 때 다른 것들은 모두 사소한 일이 된다.

혼자만의 시간에 세상사의 시름 때문에 뒤척이는 사람이 많다. 저마다 절절한 사정이 있겠지만 가장 소중한 시간을 낭비하는 것일지도

사람은 고개를 돌릴수록 성장한다

모른다. 이때는 자신을 돌아보는 '반구저기'의 시간을 가져야 한다. 단순히 삼가며 근신하는 것에 그치지 않고 나를 돌아볼 수 있다면, 홀로 보내는 시간이 삶이 바뀌는 순간이 될 수 있다.

❖

희비가 나뉘는 순간을 현명하게 받아들일 수 있다면,
경쟁은 갈등이 아니라 나를 성장시키는 기회가 된다.

신독, 혼자 있는 시간의 힘

주변이 어지럽다면
내가 어수선하지 않은지 돌아보라

行有不得者皆反求諸己
행유부득자개반구저기

행했는데 뜻한 것을 얻지 못하면 모두 스스로에게 돌이켜 보라.
_《맹자》

우리는 무언가를 얻기 위해 살아간다. 이익이나 재물, 혹은 권세와 같은 세속적인 욕심만이 아니다. 나 자신을 완성하는 수양, 남을 돕기 위한 자선, 더 나은 세상을 만들기 위한 사명 또한 여기에 포함된다. 하지만 내가 원한다고 해서 모두 얻지는 못하기에 열심히 노력하다가도 낙심하고 포기하는 마음이 생긴다. 그럴 때 상황에 매몰되지 말고, 그 상황의 의미를 생각하라고 고전은 권한다. 옛 선비들의 경지인 안빈낙도安貧樂道까지는 아니더라도, 설사 어려움에 처해도 잠잠히 때를 기다리며 실력을 기를 때 길이 열린다는 것이다.

맹자는 또 하나의 길을 가르치는데, 바로 앞서 이야기했던 '반구저

사람은 고개를 돌릴수록 성장한다

기'의 자세다. 어떤 상황에서도 스스로를 돌이켜 보면서 가다듬어 나
갈 때 어려움을 타개할 길이 열리고, 더 큰일을 할 수 있는 기반이 마
련된다는 것이다. 예문의 앞뒤에 실린 글이 그것을 말해준다.

> "남을 사랑하는데 친해지지 않을 때에는 자신의 인자함을 돌이
> 켜 보라. 남을 다스리는데 다스려지지 않을 때에는 자신의 지혜로
> 움을 돌이켜 보라. 남을 예로 대하는데 화답하지 않을 경우에는
> 자신의 태도가 공경스러운지 돌이켜 보라."

삶의 모든 순간 뜻한 바를 얻지 못하면 반드시 먼저 자신의 부족
함이 없는지를 돌아보라는 가르침이다. 우리는 흔히 무언가가 잘못되
면 나 자신보다는 먼저 다른 데에서 이유를 찾아낸다. 남을 탓하고,
환경을 탓하고, 심지어 하늘을 원망하면서 자기 처지를 한탄한다. 맹
자는 그에 앞서 먼저 자신부터 돌아보라고 권한다. 참 어려운 일이다.

사람이라면 자신보다는 남을 보기가 쉽다. 눈은 앞을 보게 되어
있기 때문이다. 그 시야를 거슬러 나 자신을 돌아보려면 특별한 노력
과 경지가 필요하다. 맹자는 비록 어렵기는 하지만 그 대가는 크다고
말한다. 예문의 뒤에 실린 글이다.

"자신이 바르면 반드시 천하가 자신에게로 돌아온다. 《시경》에는
'영원히 천명과 합치되려고 스스로 많은 복을 구한다'고 했다."

단순히 좋은 일이 있다는 것에 그치지 않고 천하를 얻을 수 있다!
맹자가 그 근거로 든 것이 바로 《시경》에 실린 구절이다. '천명을 따르

면 스스로 많은 복을 구할 수 있다.'(영언배명 자구다복永言配命 自求多福)
이 구절은 《시경》〈대아〉大雅에서 주나라의 창업 기반을 닦은 문왕文
王의 공적을 찬양한 부분이다. 맹자가 특히 좋아해 여기뿐 아니라 〈공
손추 상〉에서도 인용했다.

> "《시경》에서는 '영원히 천명과 합치되려고 스스로 많은 복을 구
> 한다'고 했고, 《상서》商書 〈태갑〉太甲에서는 '하늘의 재앙은 피할
> 수 있지만 스스로 재앙을 부르면 망하고 만다'라고 했다."

예문도 마찬가지지만 여기서도 맹자가 강조했던 바는 반드시 '스
스로' 해야 얻을 수 있다는 것이다. 복도 재앙도 모두 자신에게 달려
있다. 우리가 흔히 쓰는 "하늘은 스스로 돕는 자를 돕는다"라는 말
도 그러한 의미를 담고 있다.

사람은 하루 동안 오만 가지의 생각을 하며 산다고 한다. 그 생각
의 많은 부분이 근심과 걱정이다. 일상의 고민에 빠져 스스로를 한탄
하며 괴로워할지, 잠잠히 자신을 돌아보며 마음의 평안을 얻고 인생
의 먼 이상을 돌아볼지는 모두 자신에게 달려 있다. 이는 스스로 복
을 구하는 사람의 선택이다. 스스로 복을 부르는 사람은 하늘도 아낌
없이 돕는다.

근심해야 할 것을 근심하라.
우리는 근심할 수 없는 것을 근심한다.

인간을 변하게 만드는
유일한 계기는 반성이다

吾日三省吾身 爲人謀而不忠乎 與朋友交而不信乎 傳不習乎
오일삼성오신 위인모이불충호 여붕우교이불신호 전불습호

나는 날마다 세 가지 점에서 나를 반성한다.
사람들을 위해 일을 도모하면서 충실하지 못한 점이 없는가?
벗과 사귀면서 신의를 저버리는 일이 없는가?
배움을 제대로 익히지 못한 것은 없는가?
_《논어》

증자는 제자들과 함께 쓴 《대학》의 저자이자 《중용》을 쓴 자사의 스승으로, 유교의 핵심 경전인 사서삼경에서 두 권에 직접 관여하고 있다. 물론 《논어》에도 중요한 인물로 많이 등장한다. '맹모삼천지교'孟母三遷之教로 잘 알려진 《효경》孝經의 저자이기도 하므로, 학문적으로 공자의 뒤를 이은 후계자로 인정받기에 부족함이 없는 인물이라고 할 수 있다. 하지만 증자는 초기에는 공자로부터 인정받지 못했다. 심지어 《논어》〈선진〉先進에서는 '우둔하다'는 평가를 받기도 했다. 평범한, 심지어 미련하기까지 한 사람이 위대한 인물이 되는 비결이 궁금한데, 예문에서 그 해답을 미루어 짐작할 수 있다. 원문을 통해 하나하나 짚어보자.

먼저 '오일삼성오신'吾日三省吾身에서는 한 자 한 자 그 의미를 생각해보아야 한다. 증자는 '날마다' 자신을 돌아봤다. 어떤 일을 하루도 빼지 않고 날마다 했다는 것은 그것을 습관으로 삼았다는 의미다. 무슨 일이 있을 때, 특히 잘못한 일이나 후회스러운 일이 있어서가 아니라 평범한 일상에서도 자신을 돌아보기를 게을리하지 않은 사람은 날마다 성장을 멈추지 않는다.

그다음은 증자가 중점적으로 자신을 돌아봤던 세 가지다. 충실함(충忠), 신실함(신信) 그리고 학문(습習)이다. 바로 유교의 핵심적인 가치로, 공자는 제자들에게 항상 이를 강조했고, 스스로도 평생 수양을 멈추지 않았다.

"자신의 맡은 바 일에 최선을 다하고, 벗과의 교제에서 신의를 지켜 나가고, 배운 것을 익히기를 게을리하지 말라." 증자는 날마다 자신을 반성하며 세 가지 지향점을 분명히 했다. 스스로를 돌아보기 위해 혼자만의 시간을 가진다고 하면서도 멍하니 시간만 흘려 보내거나 공상에 빠지기 쉽다. 시작은 곧잘 하지만 어느 순간 생각을 놓쳐 버리는 것이다. 우리가 쉽게 빠지는 실수인데, 그때 필요한 것이 명확한 방향이다.

물론 성찰이 반드시 세 가지에 한정되는 것은 아닐 것이다. 일상에서 있었던 일을 새겨보며 생각나는 많은 경험들 중에서 가장 마음에

신독, 혼자 있는 시간의 힘

남는 것을 돌아보되, 자신이 삶의 신조로 삼은 세 가지를 빼놓지 않고 실천한다면 나의 길을 바르게 하고, 삶에서 이루고자 하는 바를 하루하루 성장시켜 나갈 수 있다. 하루하루 쌓아간 실력은 결코 나를 배신하지 않는다.

하루를 마치면서 감사 일기를 쓰는 것도 충분히 의미 있는 일이다. 굳이 '삶이란 우리가 뜻한 대로 되지 않는다'는 《주역》周易의 이치를 거론하지 않더라도, 삶이란 마음대로 되지 않는다. 그렇기에 옛 성현들은 곤란에 처하더라도, 복을 누리더라도 상황에 연연하지 않는다는 '안빈낙도'의 수양을 그치지 않았다.

그 기반이 되는 것이 바로 '감사하는 마음'이다. 우리가 처해 있는 상황에 관계 없이, 주어진 하루하루가 모두 우리 삶을 이루어가는 과정이다. 하루를 마치는 시간, 감사하는 마음으로 내가 나아갈 길을 생각하고, 이루고자 하는 일을 되새겨 보기를 바란다. 삶의 의미를 찾는 가장 의미 있는 시간이 될 것이다.

우리는 좋거나 나쁜 특별한 날만을 기억에 새기면서
대다수를 차지하는 평범한 날들을 인생에서 소외시킨다.

사람은 고개를 돌릴수록 성장한다

오늘을 돌아보지 못하면서
내일이 온다고 하지 말라

德之不脩 學之不講 聞義不能徙 不善不能改 是吾憂也
덕지불수 학지불강 문의불능사 불선불능개 시오우야

인격을 수양하지 못하는 것, 배운 것을 익히지 못하는 것,
옳은 일을 듣고 실천하지 못하는 것,
잘못을 고치지 못하는 것이 나의 걱정거리다.
_《논어》

《논어》를 읽다 보면 공자가 자신의 부족함을 절감하고 인정하는 장면
이 많이 나온다. 학문에 있어서는 '무지의 지'(무지지지無知之知), 즉 '나
는 아는 것이 없다'는 고백이 대표적이다. "나는 나면서부터 아는 사
람이 아니라 옛것을 좋아해 힘써 그것을 구한 사람일 따름이다.""내
가 아는 것이 있는가? 나는 아는 것이 없다." 최고의 성인으로까지 꼽
히는 공자의 말로서는 의외다. 하지만 이러한 성찰의 자세가 있었기에
공자는 학문에서 최고의 경지에 이를 수 있었다.

신독, 혼자 있는 시간의 힘

학문뿐만이 아니라 삶의 전반에 걸쳐 공자는 이러한 성찰의 자세를 유지했다. 〈술이〉述而에는 공자가 자신에 대해 말하는 것이 거듭해서 실려 있다.

"묵묵히 마음에 새겨 두고, 배움에 싫증 내지 않으며, 남을 가르치기를 게을리하지 않는 것, 이 셋 중 어느 하나인들 내가 제대로 하는 것이 있겠는가?"

"학문에 대해서는 아마도 내가 남보다 못하지 않겠지만, 군자의 도리를 몸소 실천하는 것은 아직 이루지 못했다."

"성인聖人과 인인仁人이야 내가 어찌 감히 되겠다고 하겠느냐? 하지만 그 도리를 배우고 본받는 데 싫증 내지 않고, 이를 다른 이에게 가르치는 데 게을리하지 않는다고는 말할 수 있다."

제자들은 물론 그 당시 사람들은 공자를 성인과도 같은 존재로 인정하고 있었지만, 공자 스스로는 자신의 부족함을 항상 인식하고 있었다. 그리고 고치고 배우는 것을 쉬지 않았다. 물론 장점 역시 과하지 않게, 정확하게 보고 키워 나갔다. 이러한 자세가 있었기에 최고의 경지에 이르기까지 성장을 멈추지 않을 수 있었을 것이다.

《논어》〈술이〉에 실린 예문 역시 공자가 말했던 네 가지 걱정거리다. 먼저 '인격을 수양하지 못하는 것'은 평생을 두고 도道를 추구했던 공자의 걱정거리로서 충분히 공감이 간다. 그다음 '배운 것을 익히지 못하는 것' 역시 배운 지식을 삶에서 온전히 실천하고 싶다는 공자

사람은 고개를 돌릴수록 성장한다

의 열망을 보여준다.

다만 마지막 걱정거리인 '잘못을 고치지 못하는 것'은 유교 사상의 근본을 만들었으며 오늘날 동아시아적 세계관의 시조라고 할 수 있는 공자의 걱정거리로는 너무 평범하다. 오히려 지금 여기 평범한 사람들의 고백이라고 해도 충분히 믿을 수 있을 정도다. 하지만 여기서 우리는 아무리 위대한 인물이라도 완벽할 수 없다는 것을, '사람'으로서 한계를 가지고 있다는 것을 알게 된다. 잘못을 저지르고, 반성하고, 후회하지만 얼마 지나지 않아 또 같은 잘못을 저지르는 모습은 누구라도 예외가 없는 것이다.

인간은 한계를 어떻게 대하느냐에 따라서 구분된다. 부족함을 솔직하게 인정하고 날마다 성찰하며 고쳐나가는지, 잠깐의 후회로 스스로 위안하는 데 그치고 마는지, 심지어 잘못조차 전혀 인식하지 못하고 그냥 되는대로 살아가는지, 한계와 마주하는 태도에 따라 그 삶은 확연히 차이가 난다. 소크라테스는 "성찰하지 않는 삶은 살 가치가 없다"라고 말했다. 삶의 진정한 가치와 의미를 성찰에 둔 것이다. 파스칼이 남긴 "사람은 생각하는 갈대다" 역시 성찰할 수 있기에 사람은 위대하다는 깨달음에서 나온 말이다.

하지만 이러한 성찰의 자세가 위대한 사람의 것만은 아니다. 평범한 삶을 살아가는 우리에게도 올바른 삶, 더 나은 삶, 무엇보다도 하루하루 성장하는 삶을 살아가기 위해 반드시 필요한 덕목이다.

성찰하지 못하는 삶은
인생을 읽지 않고
독후감을 쓰는 것과 같다.

타인은 나를 비추는
또 다른 나다

己所不欲勿施於人
기소불욕물시어인

자기가 원하지 않는 것을 남에게 하지 않는다.

_《논어》

《논어》〈위령공〉衛靈公에 실린 이 구절은 공자 철학의 핵심인 서恕의
정신을 말해준다. 그 전문은 이렇다.

제자 자공이 "한마디 말로 평생을 실천할 만한 것이 있습니까?"
라고 묻자 공자는 이렇게 대답해준다.

"그것은 바로 서恕다. 자기가 원하지 않는 것을 남에게 하지 않는
것이다."(기소불욕물시어인己所不欲勿施於人)

공자는 제자들에게 끊임없이 인仁을 가르쳤다. 인은 흔히 사랑과
배려로 풀이되는데, 공자는 그것을 적용하고 실천하는 두 가지를 '충'
忠과 '서'恕라고 일렀다. 충은 자신의 내면을 충실하고 바르게 세우는

것으로 수양과 학문의 자세를 일컫는다. 서는 타인을 배려하고 예를 지키는 것으로 내면의 충실함이 겉으로 드러나는 모습이다. '자기가 원하지 않는 것을 남에게 하지 않는 것'은 충과 서를 갖춘 사람의 실천 덕목이다. 서양 철학에서 이야기하는 황금률인 "무엇이든지 남에게 대접을 받고자 하는 대로 너희도 남을 대접하라"와 같다.

하지만 이 말을 일상에서 실천하기는 쉽지 않다. 누구나 쉽게 실천할 수 있다면 이처럼 동서양에서 한목소리로 강조하지는 않았을 것이다. 겉으로 드러나는 모습에는 반드시 내면의 충실함이 뒷받침되어야 하기 때문이다. 겉모습은 그럴듯하지만, 내면이 충실하게 갖춰지지 못했다면 허술한 바탕이 곧 드러나고 만다.

사람의 일상은 사람과의 관계로 이뤄진다. 그렇기에 우리가 겪는 대부분의 갈등 또한 대인관계에서 비롯된다. 사람마다 성향이 다르고 일에서 지향하는 바가 다르기 때문이다. 하나의 목적을 위해 모인 만남이라고 해도 일하는 방법이나, 목적에 도달하는 방식에 대한 생각은 저마다 다르다. 이때 무조건 양보하고 상대방의 입장만 고려하는 것은 바람직하지 않다. 만남을 통해 서로 다른 의견을 조율함으로써 성공적인 결과를 도출하는 게 중요하기 때문이다.

이로써 보면 '서'의 정신, '자기가 원하지 않는 것을 남에게 하지 않는다'는 무조건적인 양보가 아니라 사람을 대할 때 취해야 할 나의 자세를 말하는 것임을 알 수 있다. 설사 의견이 일치하지 않더라도 이성적으로 접근하고, 다툼이 생기더라도 감정이 아닌 배려의 정신으로 대하는 것이다. 감정이나 분노는 발산하기는 쉬워도 수습하기는 어렵

사람은 고개를 돌릴수록 성장한다

다. 내가 감정을 발산하면 상대 역시 감정을 발산하게 되고, 내가 분노하면 상대방 역시 분노로 나를 대한다.

타인은 나를 비추는 거울이다. 내가 얼굴을 찌푸리면 상대방 역시 찌푸린 얼굴이 된나. 마치 거울로 찌푸린 내 얼굴을 보는 것과 같다. 이때 필요한 것이 바로 충과 서, 즉 내면을 바로 세우고 상대방을 배려하는 정신이다. 내가 온화한 얼굴로 상대를 본다면 상대방 역시 온화한 얼굴로 나를 대하게 된다.

내면의 충실함을 갖추고, 진실하게 자신을 드러내어 남을 배려하는 모습은 수양과 공부로 얻을 수 있다. 그 시작은 날마다 진실한 자신의 모습을 냉철하게 바로 볼 수 있는 성찰의 시간을 갖는 것이다. 눈을 가늘게 뜨고 일상의 언행을 세심하게 살피며, 날마다 반성하는 시간을 갖고, 다른 사람의 잘못을 찾기보다는 먼저 자신의 부족함을 돌이켜볼 수 있다면 충실한 삶, 성장하는 삶, 다른 사람을 원망하지 않는 진정한 배려의 삶을 살 수 있을 것이다.

❖

모든 관계는 마주하는 상대로부터
나를 찾는 데에서 시작한다.

자신에게 너그러워지면
타인에게 부끄러워진다

人不可以無恥 無恥之恥無恥矣
인불가이무치 무치지치무치의

사람이 부끄러운 마음이 없어서는 안 된다.
부끄러운 마음이 없다는 것을 부끄러워한다면 부끄러워할 일이 없다.
_《맹자》

맹자는 정신적 스승인 공자를 이어서 유학의 근본 이론을 정립했다.
그는 유학의 핵심 덕목인 인의예지仁義禮智가 본성, 즉 사람의 마음으
로 타고난다고 주장했다. 인은 측은지심惻隱之心(불쌍히 여기는 마음),
의는 수오지심羞惡之心(자신의 옳지 못함을 부끄럽게 여기고 악을 미워하
는 마음), 예는 사양지심辭讓之心(다른 사람을 배려하고 예의를 지키는 마
음), 지는 시비지심是非之心(옳고 그름을 알아 그에 합당하게 행동하는 마
음)이다. 유명한 성선설이 말하는 바다.

그중에서도 맹자는 의로움을 많이 강조했다. 악행을 미워할 뿐 아

사람은 고개를 돌릴수록 성장한다

니라, 스스로 옳지 못함을 부끄럽게 여겨야 사람다운 삶을 살 수 있다는 것이다. 심지어 '부끄러운 마음이 없으면 사람이라고 할 수 없다'라고까지 말했다.

"부끄러움을 아는 것은 사람에게 아주 중요하다. 교묘하게 기교나 재주를 부리는 자들은 수치심을 쓸 줄 모른다. 부끄러워할 줄 모르는 점이 남과 같지 않는데, 어떻게 남과 같을 수 있겠는가?"(치지어인대의 위기변지교자 무소용치언 불치불약인 하약인유 恥之於人大矣 爲機變之巧者 無所用 恥焉 不恥不若人 何若人有)

〈진심 상〉盡心上에 실린 이 글 역시 삶의 모든 순간 부끄러움을 항상 염두에 두고 생활하라는 당부다. 부끄러움은 한자로 치恥라고 일컫는데, 풀이해보면 귀 이耳와 마음 심心으로 이뤄져 있다. 그 구성을 유심히 보면 '자기 마음의 소리를 듣는다'는 뜻임을 알 수 있다. 어떤 일을 하려고 할 때 먼저 가만하게 자기 마음을 들여다보는 시간이 필요한 이유다.

내면을 들여다볼 수 있으면 자신이 하고자 하는 일이 올바른지 판단할 수 있다. 이때 스스로가 부끄럽다면 하던 일을 멈출 수 있다. 만약 아무런 생각과 판단도 없이 일을 시작한다면, 돌이키기가 어려워질 수도 있다.

나아가 이미 잘못을 저지른 후라도 생각을 통해 반성할 수 있다면 빠르게 회복할 수 있다. 물론 부끄러운 것을 알고 돌이키는 것에도 용기와 결단이 필요하다. 이처럼 삶은 선택의 연속이다. 불의에 빠지는 경우 대부분은 그것이 불의인지 스스로 알면서도 행한다. 이때 과감

신독, 혼자 있는 시간의 힘

하게 돌아서는 사람만이 자신을 지킬 수 있다.

우리가 사랑하는 민족시인 윤동주 역시 일제의 억압 속에서도 부끄럽지 않은 삶을 살기 위해 처절하게 노력했다. 그는 〈서시〉에서 이렇게 고백했다.

"죽는 날까지 하늘을 우러러 한 점 부끄러움이 없기를
잎새에 이는 바람에도 나는 괴로워했다."

여기서 '하늘을 우러러 한 점 부끄러움이 없기를'은 맹자가 말했던 '군자삼락'君子三樂(군자의 세 가지 즐거움)을 인용한 것이다. 맹자는 자신의 두 번째 즐거움을 이렇게 말했다. "하늘을 우러러 부끄럽지 않고 굽어 사람들에게 부끄럽지 않은 것이 두 번째 즐거움이다." 여기서 새겨볼 점은 맹자는 부끄럽지 않은 삶을 '즐겁다'고 표현했다는 것이다. 정의롭게 사는 것이 치열한 노력이 아닌 삶 그 자체가 되었을 때 이를 수 있는 경지다.

하지만 평범한 우리가 맹자와 같은 차원에 이르기는 쉽지 않다. 사람과의 관계 속에서 갈등하고, 유혹과 욕심에 마음이 흔들린다. 때로는 알면서도 짐짓 모르는 체 부끄러운 일을 하기도 한다. 성인의 경지에 이르지 않은 이상 완벽한 사람은 없다. 사람이라면 누구나 부족하고 연약한 점이 있고, 그것을 인정하고 고치려고 노력하면 충분하다.

물론 그 역시 쉽지 않은 일이다. 공자와 같은 성인조차 "잘못을 고치지 못하는 것이 나의 잘못이다"라고 했을 정도이니 말이다. 그때

사람은 고개를 돌릴수록 성장한다

필요한 것이 바로 겸손과 솔직함이다. 스스로를 들여다볼 때에는 자신이 부족하다는 것을 인정하는 겸손과, 자신의 잘못을 그대로 들여다볼 수 있는 솔직함이 바탕에 있어야 한다. 혼자 있을 때 부끄럽지 않은 신독은 이처럼 자신의 내면에 귀를 기울이는 사람만이 실천할 수 있다.

❖

모두가 잠든 밤 내 마음이 내는 소리를 듣는다.
마음의 소리가 들리지 않는다면
오늘은 부끄러운 하루를 보낸 것이다.

이상과 현실의 간격을
좁힐 수 있는 사람은 강하다

勝人者有力 自勝者强

승인자유력 자승자강

다른 사람을 이기는 것은 힘이고,
나 자신을 이기는 것이 진정으로 강함이다.

_《도덕경》

달란트는 유대인들의 금전 단위로, 영어에서 재능을 가리키는 탈렌트 Talent 의 유래이기도 하다. 《성경》에는 '달란트의 비유'라는 예수님의 가르침이 나온다.

한 주인이 외국으로 오래 떠나게 되면서 하인들을 불러 각각 5달란트, 2달란트, 1달란트를 맡겼다. 5달란트, 2달란트를 맡은 자는 그것으로 장사를 해 각각 두 배로 늘렸지만, 1달란트를 받은 하인은 혹 그 돈을 잃을까 땅에 묻었다. 돌아온 주인은 이윤을 남긴 두 하인을 크게 칭찬했지만, 1달란트를 그대로 가져온 하인에게는 크게 질책하고 그 돈을 10달란트로 불린 하인에게 줬다. 이 가르침에는 깊은 뜻이 있지만 'Winner takes all', 승자가 모든 것을 가지게 되는 오늘날 승자독식사회를 가리키는 의미로도 많이 쓰인다.

현대는 경쟁의 시대다. 다른 사람을 이겨야 경쟁에서 승자가 되어 남보다 더 많은 것을 가질 수 있다. 사람들은 서로 더 많은 이익을 얻기 위해 다툰다. 제로섬 게임과 같은 사회에서 나의 이익은 상대의 손해, 나의 승리는 상대의 패배가 된다.

그래서 사람들은 힘을 기른다. 완력으로 남을 누를 수 있어야 위에 군림할 수 있고 아무런 방해 없이 원하는 것을 가질 수 있다. 동물의 세계를 보면 그 이치를 정확히 알 수 있다. 사자나 호랑이와 같은 맹수는 먹이사슬의 최상위에서 동물의 왕으로 군림하며 밑에 있는 동물들을 먹이로 취한다. 하지만 이러한 이치가 대형 육식동물에만 한한 것은 아니다. 그 밑의 동물들 역시 마찬가지다. 표범이나 늑대는 토끼나 노루와 같이 더 작은 초식동물들을 먹이로 삼는다. 이때 필요한 것도 바로 힘이다. 빠른 주력과 강한 치악력, 날카로운 발톱이 이들의 무기다.

사람들 간의 경쟁도 마찬가지다. 남보다 더 큰 힘을 기른 사람은 다른 경쟁자를 따돌리고 높은 자리에 올라설 수 있다. 따라서 개인은 남다른 강점을 갖기 위해 노력하고, 기업은 다른 기업보다 뛰어난 기술력을 갖기 위해 혁신한다. 그것이 예문에서 말하는 힘(력力)이다.

하지만 사람에게는 동물과 다른 차원의 힘이 있다. 예문에서 말하는 강함(강彊)이다. 그 강함은 다른 사람이나 경쟁자를 이기는 힘이 아

신독, 혼자 있는 시간의 힘

니라 자신의 내면에 있는 덕목이다. 바로 의지, 인내, 창의, 희망 등 물리적인 힘이 아닌 정신적인 힘을 말한다. 그 힘은 상대가 아니라 스스로를 이겨내는 힘이다. 포기하려는 마음, 흔들리는 마음, 안주하려는 마음, 절망하려는 마음을 이겨내고 다시 일어서서 도전하는 것이다.

예문에서 승인勝人(다른 사람을 이기는 것)은 승자와 패자로 나뉘는 승부다. 하지만 나 자신을 이기는 데에는 승자와 패자가 없다. 둘 다 나 자신이기 때문이다. 나 자신을 이기면 패자는 어제의 나로 사라진다. 그렇게 오늘에는 강한 나, 굳건한 나만 남는다. 더욱 강력한 나로서 내일을 향해 나아가는 것이다.

공자는 인仁을 묻는 수제자 안연顏淵에게 '극기복례'克己復禮하라고 가르쳤다. 여기서 '극기'란 곧 '나'를 이기는 것이다. 그리고 그 이점을 말해주는데, '나 자신을 이기면 온 세상이 인으로 돌아온다'고 했다. 나 한 사람의 변화가 온 세상을 바꾸는 것이다.

당연히 쉽지 않은 일이다. 그래서 공자는 해답도 주는데, 바로 '단 하루라도 먼저 실천해보라'는 것이다. 오늘 실천하면 내일도 할 수 있고, 앞으로도 계속할 수 있다. 오늘 하루를 마치며 나 자신에게 패배했던 순간, 분노를 비롯한 다양한 감정들 그리고 이익에 현혹되어 나를 잃어버렸던 때를 되새긴다면 내일에는 더 나은 나를 만들 수 있을 것이다.

오늘의 나보다 더 나은 내일의 나를 만드는 것. 그것이 진정한 '극기'다.

사람은 고개를 돌릴수록 성장한다

스스로를 거슬러 앞질러 보라.
나라는 존재가 문제에서 해답으로 바뀐다.

삶의 그늘에 가려지면
자신의 그림자가 희미해진다

天下之易失者 莫如吾也
천하지이실자 막여오야

세상에서 나보다 더 잃어 버리기 쉬운 것은 없다.

_〈여유당전서〉

"마음은 붙잡으면 보존되고, 놓으면 사라진다. 때 없이 들고나기에 그 거처도 알 수 없다."

공자가 마음을 두고 했던 말로 《맹자》〈고자장구 상〉告子章句 上에 실려 있다. 맹자는 사람의 선한 본성을 우산의 나무에 빗대 다음과 같이 말했다.

"우산의 나무들은 원래 아름다웠는데 큰 나라에 가까이 있어 사람들이 도끼로 베어 버리니 무성할 수 있었겠는가? 밤낮으로 자라게 해주고 비와 이슬이 적셔 주어 새로운 싹이 움텄지만 소와 양이 뜯어 버려 결국 민둥산이 되어 버렸다. 사람들은 그 민둥산을 보고 '일찍

사람은 고개를 돌릴수록 성장한다

이 그 산에 좋은 재목이 없었구나' 한다. 하지만 어찌 이것이 원래 산의 본성이겠는가?"

이어서 맹자는 이렇게 말했다.

"사람의 본성에도 인의仁義의 마음이 있다. 하지만 사람들이 도끼로 나무를 베어 버리는 것처럼 자신의 선량한 마음을 풀어 놓으니, 날마다 베어 버리면 결코 아름다울 수 없다. 그런 사람의 마음도 밤낮으로 자라게 해주는 것이 있고 새벽의 기운도 얻지만, 낮에 하는 못된 소행이 선량한 마음을 가둬 버린다.

이러한 일을 반복하면 밤의 기운이 부족해지고, 밤의 기운이 부족해지면 짐승과 다를 바 없어진다. 사람들은 이런 모습을 보고 '원래 그 사람은 훌륭한 자질이 없었구나'라고 여기지만 이것이 어찌 그 사람의 본 모습이겠는가? 그렇기 때문에 만일 제대로 키움을 얻는다면 자라지 못할 것이 없고, 키움을 얻지 못하면 소멸해 버리지 않는 것이 없다. 공자께서 '마음은 붙잡으면 보존되고, 놓으면 사라진다. 때 없이 들고나기에 그 거처도 알 수 없다'고 했는데 이는 사람의 마음을 두고 하신 말씀이다."

타고난 아름다운 본성을 잃는 까닭은 일상에서 이익의 유혹을 받고 욕심에 마음이 흔들리기 때문이다. 이 역시 사람의 본성이기에 공자와 맹자와 같은 성현들도 마음을 지키기 어렵다고 토로했다. 오늘을 살아가는 우리 또한 날마다 마음을 잃어 버리며 살아가고 있다. 일상에서 겪는 유혹과 욕심에 의해 흔들리는 마음, 사람을 대하며 겪는 갈등, 발산하지 못하는 감정의 상처로 인해 수없이 무너지며 마음

신독, 혼자 있는 시간의 힘

을 잃어 버린다. 그렇게 마음을 잃어 버린 줄도 모르고 살아가는 것이 바로 우리 대부분의 모습이다.

다산 역시 그랬다. 정조의 총애를 받으며 최고의 삶을 구가하다가 머나먼 남쪽 땅 바닷가로 귀양을 떠난 후에야 그동안 마음을 잃어버린 삶을 살았다고 절실히 깨달았다. 다산이 좋았던 것은 명예와 출세였고 잃어버린 것은 마음이었다. 큰형의 재실에 써줬던 〈수오재기〉守吾齋記에 실린 글이다.

"대체로 천하의 만물이란 지킬 것이 없지만, 오직 나만은 지켜야 한다. 내 밭을 지고 도망갈 자가 있는가? 밭은 지킬 것이 없다. 내 집을 지고 달아날 자가 있는가? 집도 지킬 것이 없다. 내 정원의 꽃나무, 과실나무를 뽑아갈 자가 있는가? 그 뿌리는 땅에 깊이 박혔다. 나의 책을 없애버릴 자가 있는가? 성현의 경전은 온 세상에 퍼져 물과 불처럼 흔한데 누가 능히 없앨 수 있겠는가. 나의 옷과 식량을 도둑질해 나를 궁색하게 하겠는가? 천하의 실이 모두 내가 입을 옷이며, 천하의 곡식은 모두 내가 먹을 양식이다. 도둑이 비록 훔쳐간다 해도 한두 개에 불과할 것이다. 그런즉 천하 만물은 지킬 것이 없다.

… 유독 이른바 '나'라는 것은 그 성품이 달아나기를 잘해 드나듦에 일정한 법칙이 없다. 아주 친밀하게 붙어 있어서 서로 배신하지 못할 것 같으나 잠시라도 살피지 않으면 어느 곳이든 가지 않는 곳이 없다. 이익으로 유도하면 떠나고, 위험과 재화가 겁을 주어도 떠나가며, 새까만 눈썹에 하얀 이를 가진 미인의 요염한 모습만 보아도 떠나간다. 그런데 한 번 가면 돌아올 줄 몰라 붙들어 만류할 수도 없다. 그

사람은 고개를 돌릴수록 성장한다

러므로 천하에서 '나'보다 더 잃어버리기 쉬운 것은 없다. 어찌 실과 끈으로 매고 빗장과 자물쇠로 지키지 않는가."

여기서 '나'란 가장 잃어버리기 쉬운 것이지만, 가장 소중한 것이기도 하다. 내 삶의 의미와 가치이며 나의 정체성이다. 내버려두면 언제든지 사라지지만 지키는 것도 바로 나 자신이다. 우리가 배우고 또 성찰하는 이유는 바로 흩어지기 쉬운 나를 단단히 붙잡기 위함이다. 배움은 옳고 그름을 아는 힘이고, 성찰은 부끄러운 삶을 살지 않으려는 몸부림이다.

인생은 익숙한 길을 낯설게 헤매는 여정이다.
사람들은 왔던 길을 찾고자 헤매지만
왜 길을 잃어 버렸는지는 알지 못한다.

신독, 혼자 있는 시간의 힘

책을 읽지 않는 것은
책을 읽지 못하는 것과 같다

醫俗莫如書
의속막여서

속됨을 고치는 데는 책만 한 것이 없다.

_《학산당인보》學山堂印譜

예문은 명나라 말엽 유명한 전각가들이 옛 경전에서 좋은 글귀를 골라 새긴 인장을 모아 엮은 책《학산당인보》에 실려 있다. 이 책은 특히 조선 후기 실학자들로부터 많은 사랑을 받았는데, 박제가는 이 책의 서문을 쓰기도 했다.

"글은 짧아도 뜻은 길고, 채집한 것이 넓고 담긴 뜻은 엄정하였으니 … 친구 이덕무가 이를 위해 풀이한 글을 손수 뽑고서 내게 서문을 구하였다.
아아! 압록강 동쪽에서 무덤덤하지 않게 이 책을 볼 사람이 과연

몇이나 될까? 그럴진대 내 말이 믿음을 얻지 못할 것이 마땅하구나. 아아!"

서문의 마지막 부분으로, 마음에 꼭 맞는 책의 서문을 쓰는 감격이 저절로 배어 나오는 듯한 글이다.

조선 후기 실학자들은 모두 책을 사랑하고 좋아했다는 공통점이 있다. 이덕무는 혹독한 가난 속에서도 책을 친구로 삼아 '책만 읽는 바보'(간서치看書痴)라는 스스로 지은 별호로서 알려졌다. 김득신은 〈백이열전〉伯夷列傳을 1억 1만 3,000번 읽은 것으로 유명한데, 그 숫자에 경악하는 사람도 있을 것이다. 당시 1억이라는 단위를 오늘날로 바꾸자면 10만이 되므로 실제로는 11만 3,000번을 읽은 것이니 충격의 정도는 조금 덜어질 것이다. 그럼에도 여전히 그의 책을 향한 열망과 집념은 놀랍다.

책을 이야기할 때 다산 정약용을 빼놓을 수 없다. 특히 책에 관해 그가 남긴 이야기들은 책을 좋아하는 모든 이들에게 크게 귀감이 된다.

"이부자리와 의복 외에 책을 한 수레 싣고 갈 수 있다면 이것이 곧 청렴한 선비의 행장이다."《목민심서》牧民心書에 실려 있는 이 말은 처음 지방 관리로 발령을 받고 부임할 때 꾸려야 하는 행장의 바람직한 차림에 대해서 이야기한다. 또한 그는 귀양살이를 하면서도 자녀들에게 편지를 보내 책 읽기를 게을리하지 말라고 당부했다.

"폐족廢族으로서 잘 처신하는 방법은 오직 독서 한 가지밖에 없다. 폐족이 글을 읽지 않고 몸을 바르게 행하지 않는다면 어찌 사람 구실을 하겠느냐."

"내가 밤낮으로 빌고 원하는 것은 오직 둘째아이가 열심히 독서하는 일뿐이다. 이른 새벽부터 밤늦게까지 부지런히 책을 읽어 이 아비의 간절한 소망을 저버리지 말아다오."

"너희들이 정말로 책을 읽으려 하지 않는다면, 내가 저술한 저서들은 쓸모없는 것이 되고 만다. 내 저서가 쓸모없다면 나는 할 일이 없는 사람이 되고 만다. 너희들이 독서하는 것은 내 목숨을 살려 주는 일이다."

절절한 아버지의 편지로 훈육을 받은 두 아들 정학연과 정학유는 폐족의 한계에서 벗어나 시인으로, 관직으로 자기 길을 열어갈 수 있었다. 책은 지식을 넓히고 폭넓은 사고를 하는 데 도움을 주지만, 극심한 고난과 한계에 봉착할 때에도 길을 열어준다. 공자가 말했던 배움의 네 가지 단계에서 세 번째 단계인 '고난에서 배움을 얻는 사람'(곤이지지困而知之)이 이를 잘 말해준다. 가장 최악은 '고난에서도 배우지 않는 사람'(곤이불학困而不學)이다.

그 외에도 예문에서는 우리의 속됨을 고치는 데에도 책이 필요하다고 말해준다. 그런 의미에서 오늘날 독서가 더욱 절실하다. 지금 우리가 살고 있는 여기를 한마디로 정의하자면 '품격 없는 세상'이라고 할 수 있다. 부와 명예 그리고 오직 물질적인 성공을 최고로 삼는 가

사람은 고개를 돌릴수록 성장한다

치관이 세상을 지배하고 있다. '책' 역시 성공과 물질을 축적하는 방법을 일러주는 내용이 주류를 이룬다. 그러나 다산은 "공부를 그저 출세의 수단으로만 여겨서는 공부도 잃고 나도 잃는다"라고 하며 오직 성공을 목적으로 삼는 독서를 경계했다.

이러한 상황에서 품격을 회복하기 위해서는 어떤 노력을 해야 할까? 그 해답도 역시 '책'이다. 좋은 책을 잘 찾아서 늦은 밤, 혹은 이른 새벽 독서와 필사를 하는 소소한 행동으로 낮에 묻은 때와 속됨을 씻을 수 있다. 성공에 매달리고, 출세를 위한 공부에 매진하기보다는 삶의 의미를 알고 올바른 가치관을 가질 수 있는 교양을 쌓아야 한다. 이런 노력이 계속될 때 우리는 품격 있는 자신을 되찾을 수 있다.

신독, 혼자 있는 시간의 힘

독서란 글줄과 글줄을 읽으며
행간에 자신을 채우는 행위다.

하루에 단 한 번만이라도
자신을 돌아보라

不遷怒 不貳過
불천노 불이과

노여움을 남에게 옮기지 않고,
한 번 저지른 잘못을 두 번 행하지 않는다.
_《논어》

《논어》〈공야장〉公冶長에 실려 있는 공자와 제자 자공子貢과의 대화다.

공자가 자공에게 말했다. "너와 회回 중에 누가 더 나으냐?"

자공이 대답했다. "어찌 제가 감히 회와 견주겠습니까? 회는 하나를 들으면 열을 알지만, 저는 하나를 들으면 둘을 알 뿐입니다."

공자가 말했다. "그보다 못하리라. 나와 네가 모두 그보다 못할 것이다."

자공은 스승인 공자의 물음에 정직하고 겸손하게 대답했다. 하나를 배우면 자신은 둘을 아는 정도이지만, 안회顏回는 하나를 들으면 열을 알기에 도저히 따르지 못할 경지라는 것이다. 여기까지는 충분히 이해가 되지만 공자의 다음 반응이 파격적이다.

아무리 제자가 뛰어나다고 해도 스승을 앞지르기는 힘든 법이다. 드물게 제자가 더 뛰어날 수도 있겠지만 당대 최고의 학자로 존경을 받던 공자라면 이야기가 달라진다. 그런 공자가 스승인 자신보다 안회가 더 낫다고 인정하고, 이를 다른 사람도 아닌 또다른 제자인 자공에게 밝혔다고 하니 보통 사람들은 믿기 어려울 것이다. 하지만 공자는 이미 여러 곳에서 안회의 뛰어난 점을 인정했는데, 〈옹야〉雍也에 실려 있는 예문도 그중 하나다.

노나라 애공哀公이 "제자 중에 누가 배움을 좋아합니까?"라고 묻자 공자가 대답했다. "안회(안연)라는 사람이 배움을 좋아해서 노여움을 옮기지 않고, 허물을 고치는 데 망설이지 않았으나, 불행히도 단명했습니다. 이제는 그런 사람이 없으니, 그 후로는 아직 배움을 좋아한다는 사람을 들어보지 못했습니다."

공자의 제자는 약 삼천 명에 달한다. 그중에서 고대 학문인 육예六藝에 통달한 제자가 일흔 명이고, 각 분야에서 가장 탁월한 제자로는 '공문십철'孔門十哲이라 불리는 열 명이 있었다. 공자는 이들 중에서 유일하게 안회만이 배움을 좋아한다고 말했고, 그 이후로는 배움을 좋아하는 제자를 보지 못했다고 잘라 말했다. 공자가 그 이유를 말해주는데 바로 '불천노 불이과'不遷怒 不貳過다.

'노여움을 남에게 옮기지 않고, 한 번 저지른 잘못을 두 번 행하지 않는다.' 노여움을 남에게 옮기지 않는다는 것은 감정의 다스림을 의미한다. 희로애락애오구의 일곱 가지 감정 중에서 가장 다스리기 힘든 것이 노怒, 즉 노여움이다. 누구든지 스스로를 솔직히 돌아본다면 부인하기 어려울 것이다. 화는 폭발적으로 일어나기에 잠잠히 삭히기 어렵고, 그것을 해소할 상대를 찾기 마련이다. '종로에서 뺨 맞고 한강에 가서 눈 흘긴다'라는 속담처럼, 반드시 그 화를 불러일으킨 사람이 아니라도 상관이 없다.

오래전 높은 수양의 경지에 오른 옛 선인들도 마찬가지 고백을 했다. 성리학의 창시자 주자도 "나의 기질상 병통은 대부분 분노와 원망을 다스리지 못하는 데 있다"고 토로했다. 공자 역시 '군자로서 항상 생각해야 하는 것 아홉 가지'(군자유구사君子有九思) 가운데 '분사난'忿思難, 화가 난다면 그 뒤에 있을 어려움을 생각해야 한다고 강조했다. 절제하지 못하는 분노에는 반드시 어려움이 뒤따르기에 군자라면 분노를 다스릴 수 있어야 한다는 것이다.

공자가 안회를 인정했던 또 한 가지는 '한 번 저질렀던 잘못은 두 번 거듭하지 않는다'는 것이다. 사람이라면 누구나 잘못을 저지르며 살기 마련이다. 완벽할 수 없기에 사람으로서 어쩔 수 없는 숙명이라고 받아들여야 할 것이다. 하지만 '한 번 저질렀던 잘못을 두 번 거듭하지 않는다' 역시 보통의 경지로는 어렵다. 어쩌면 잘못을 전혀 저지르지 않는 것보다 더 어렵게 느껴질지도 모르겠다.

단지 우리는 실수를 반복하지 않기 위해 노력할 뿐이다. 《서경》書經에는 "사람은 물에 비추어 볼 것이 아니라 마땅히 사람에게 비추어 보아야 한다"(인무어수 감 당어민 감人無於水 監 當於民 監)라고 실려 있다.

신독, 혼자 있는 시간의 힘

성찰은 사람과의 관계 속에서 실천되어야 한다는 가르침이다. 나아가 그보다 더 높은 차원이 바로 마음으로 자신을 돌아보는 것이다.

❖

우리는 살아가며 두 가지 실수를 저지른다.
실수를 두려워해 아무것도 하지 않는 것과,
실수를 가볍게 여겨 습관으로 삼는 것이다.

사람은 고개를 돌릴수록 성장한다

知者自知 지자자지

지혜로운 사람은 자신을 안다

〖 제3장 〗

나를 깨달아야
나를 사랑할 수 있다

오늘은 어제의 더께를 비워낸
새로운 날이다

爲學日益 爲道日損 損之又損以至於無爲
위학일익 위도일손 손지우손이지어무위

학문은 날마다 더해가는 것이고, 도는 나날이 덜어내는 것이다.
덜어내고 또 덜어내면 무위에 이른다.
_《도덕경》

학문은 공자로 대표되는 유가의 가장 핵심적인 덕목 가운데 하나다. 공자의 사상을 모은 책 《논어》는 학문으로 시작해서 학문으로 끝난다고 해도 과언이 아니다. 학문을 통해 스스로 수양하고, 가진 지식으로 세상에 유익한 사람이 되는 것을 목표로 삼기 때문이다. 그래서 공자는 공부에 대해 평생을 두고 쌓아나가는 것이라고 말한다.

예문에서 노자도 학문은 나날이 지식을 더해가는 것이라고 정의했다. 하지만 노자가 말하고자 하는 바는 공자와는 분명한 차이가 있다. 배움을 통해 지식은 늘어나지만, 지식이 늘어나는 만큼 욕심도 함께 늘어날 수 있다는 점을 경계하고 있다. 욕심이 늘어나면 마음의 평정을 얻을 수 없고 도에 이르는 길은 더욱더 멀어지고 만다.

노자는 진정한 배움이란 단순한 지식의 축적이 아닌 도를 이뤄가는 과정으로 봤다. 마음에 있는 탐욕과 아집을 날마다 덜어냄으로써 더 이상 덜어낼 것이 없는 상태, 즉 무위를 이루는 것이다. 예문이 실린 《도덕경》 제48장을 보면 잘 알 수 있다.

"배움은 날마다 더해가는 것이고, 도는 나날이 덜어내는 것이다. 덜어내고 또 덜어내어 무위에 이르면, 아무것도 하지 않으면서도 못하는 것이 없는 경지(무위이무불위無爲而無不爲)에 이르게 된다. 천하는 언제나 아무것도 하지 않음으로써 얻을 수 있다. 무언가를 해서 얻으려고 한다면 천하를 얻을 수 없다."

'무위이무불위'는 역설의 철학자인 노자를 상징하는 대표적인 구절이다. 하지만 평범한 사람이 이러한 이치를 체득하기는 어렵다. 아무것도 하지 않으면서 모든 일을 할 수 있고, 심지어 천하를 얻을 수 있다는 설명은 더더욱 이해하기 어려울 것이다. 노자 사상에서 최고의 가치인 '도'를 쉽게 설명하기 어렵다는 점에서 보면 당연하다. 심지어 노자 자신조차 "그 이름을 알지 못하므로 그것을 '도'라 하고, 억지로 '대大'라고 부르기로 했다"고 말했다.

노자의 철학에서 '도'란 자연을 상징한다. 자연은 만물의 근원이지만 한계가 없기에 만질 수도 없고 그 실체를 명확히 정의하기도 어렵다. 만물을 입혀 주고 길러 주면서도 스스로 드러내지 않고, 주인 노릇도 하지 않는다. 따라서 도란 사람의 관점에서는 이해하기 어렵

신독, 혼자 있는 시간의 힘

다. 당연히 평범한 사람이 쉽게 도달할 수 없는 경지다.

예문에서 노자는 도에 이르는 길을 일러준다. 바로 날마다 덜어내는 것이다. 배움을 통해 지식과 지혜는 채워 나가고, 도를 닦으면서 탐욕과 아집을 버린다. 하지만 사람들은 흔히 머리는 비우고 마음은 여러 가지 욕심으로 채우는 경우가 많다.

지식은 세상을 공부하는 것이다. 옳고 그름을 배우고 해야 할 일과 하지 말아야 할 일을 알게 한다. 세상 속의 한 존재로서 세상의 질서를 유지하고, 그 안에서 바르게 살아갈 힘을 얻게 한다.

도는 나 자신에 대해 공부하는 것이다. 나는 어떤 사람이고, 내가 해야 할 일은 무엇인가? 그리고 나는 어떤 소명을 부여받았는가? 이러한 질문을 떠올리고 답을 구하는 과정이다. 하늘로부터 받은 소명을 아는 것은 위대한 자연의 한 부분으로 살아가는 바탕이 된다. 광대한 자연 속에서 자신이 티끌과 같은 존재임을 인식할 수 있다면, 스스로 낮추는 '겸손'을 체득하고 곁에 있는 모든 주어진 것을 '사랑'할 수 있다. 역설적이지만 하늘과 땅과 함께 위대한 한 존재로서의 자신을 인식할 수 있다. 날마다 비움으로써 얻을 수 있는 경지다.

❖

인생에서 나만의 답을 구한다는 것은
끝없이 질문들을 비워 단 하나만 남기는 과정이다.

나를 깨달아야 나를 사랑할 수 있다

여백이 있기에
의미를 채울 수 있다

道沖而用之 或不盈 淵兮似萬物之宗
도충이용지 혹불영 연혜사만물지종

도는 비어 있기에 쓸 수 있다. 설사 채워지지 않아도
그 깊음으로 만물의 뿌리가 된다.

_《도덕경》

공자의 유가에서 말하는 도道란 사람의 바른 삶과 세상을 바르게 다스릴 수 있는 '도리'로서 현실적인 개념이다. 노자는 이러한 '도리'도 '이름'도 고정불변이 아니며, 집착해서는 안 된다고 《도덕경》 제1장에서 말한다. "도라고 할 수 있는 도라면 그것은 참된 도가 아니다. 부를 수 있는 이름은 참된 이름이 아니다." 도리와 원칙은 물론 지금 우리가 이름 붙인 모든 것들, 특히 세상의 권세와 명예도 모두 변화하기 때문이다.

《도덕경》 제4장에 실린 예문에서는 도의 속성을 말해주는데, 비어 있기에 쓸모가 있다는 것이다. 이는 세상의 모든 이치가 그렇다. 천하 만물은 비어 있기에 조화를 이룰 수 있다. 사람도 마찬가지다. 사람의 몸을 이루는 오장육부도 비어 있기에 조화를 이루고 제대로 작용해서 생명을 유지할 수 있다. 빈 곳이 메워지면 병이 생기고, 제때 제거 해주지 않으면 생명을 잃게 된다.

마음은 더욱 그렇다. 마음을 이런저런 것으로 가득 채워 놓으면 사람이 견디지 못한다. 정신과 마음의 온갖 고통은 이로써 비롯된다. 불안, 근심, 두려움, 수치심, 질투심 등은 모두 마음을 가득 채운 욕심과 아집, 집착 등에서 비롯된 불안정한 마음 상태다. 이것 역시 제때 비워주지 않으면 자신의 마음을 자신이 통제하지 못하는 상태가 된다. 공자가 말했던 "붙잡으면 보존되고, 놓으면 사라진다. 때 없이 들고나기에 그 거처도 알 수 없다"(조즉존 사즉망 출입무시 막지기향 操則存 舍則亡 出入無時 莫知其鄕)가 불안정한 마음의 상태를 잘 말해준다. 최고의 경지에 이른, 성인이라는 칭호를 받는 공자조차도 마음을 다스리는 데 어려움을 겪었던 것이다.

《도덕경》 제11장에서 노자는 바퀴라는 물건에서 비움의 이치를 말해준다.

"서른 개의 바큇살은 하나의 구멍으로 모이고, 그 비움이 있기에 수레의 쓰임새가 있다."(삼십복공일곡 당기무 유차지용 三十輻共一轂 當 其無 有車之用)

옛날의 나무 바퀴는 테두리와 바퀴축 그리고 그것들을 이어주는 바큇살로 구성된다. 오늘날 자전거의 바퀴를 떠올리면 이해가 쉬울 것이다. 바큇살을 이어주는 하나의 구멍이 없으면 그 바퀴는 굴러갈 수 없다. 비어 있는 곳이 있기에 바퀴가 제대로 용도를 다할 수 있다. 이는 자동차 바퀴도 마찬가지다. 타이어에는 공기를 채우는 빈 공간이 있어야 탄력 있게 굴러갈 수 있다.

《장자》莊子에서는 장자와 혜자惠子의 대화를 통해 사람에게 적용되는 이치를 알기 쉽게 말해준다.

혜자가 장자에게 말했다. "자네의 말은 쓸모가 없네(무용無用)."

장자가 말했다. "쓸모없음을 알아야 비로소 쓸모(용用)에 대해 더불어 말할 수 있네. 무릇 땅은 광대하지만 사람에게 소용되는 범위란 겨우 밟고 선 발을 용납하는 정도네. 그렇다면 발 크기만큼만 남기고 나머지 땅을 황천에 이르도록 파 버리면, 사람들이 그 땅을 사용할 수 있겠는가?"

"사용할 수 없네."

"그렇다면 쓸모없음의 쓸모가 또한 명확한 것일세."

우리는 일에서나 공부에서나 쉴 새 없이 자신을 다그치며 달리고 있다. 시간에 쫓긴 채 정신없이 무언가를 하며 '최선을 다하고 있다'는 자기 만족에 빠지기도 한다. 하지만 어느 순간 지쳐 무너져 버린 자신을 발견한다. 달리는 말에 채찍질을 계속 가하면 쓰러지듯이, 사람에게도 반드시 여백이 필요하다. 몸도 마찬가지고 마음 역시 그렇다. 삶에서도 그렇고 하루의 일상에서도 마찬가지다. 하루 동안 분주하게 나를 몰아세웠다면 내일을 위한 여유와 휴식이 주어져야 한다. 그래야 새로운 하루를 힘차게 시작할 수 있다.

휴식은 단순히 비어 있는 시간이 아니다. 내가 매진했던 오늘 하루를 완성하는 시간, 새롭게 매진할 내일을 위한 준비의 시간이다.

밤하늘에 별이 반짝일 수 있는 까닭은
별과 별 사이에 놓인 어둠 때문이다.

나를 깨달아야 나를 사랑할 수 있다

주름살에는 패인 깊이만큼
사연이 담겨 있다

令有所屬 見素抱樸 少私寡欲
영유소속 현소포박 소사과욕

맡은 바 간직하기를 가르쳐라. 검소함을 드러내고 질박함을 포용하고,
제 몫을 적게 하고 욕망을 적게 하라.
_《도덕경》

제로섬 게임에 바탕을 둔 경제 이론에서는 여러 사람이 서로 영향을
받는 상황에서 모든 이득의 총합은 항상 제로 또는 그 상태라고 설명
한다. 경쟁 사회인 오늘날을 잘 말해준다. 다른 사람의 몫이 늘면 내
몫은 줄어든다. 따라서 설혹 다른 사람이 잘되기를 바라는 선한 마음
을 가졌더라도 내 것이 줄어드는 상황은 견디기 어렵다.

물론 이러한 경쟁이 개개인의 성장을 이끈 동기이자 힘이 되는 것
은 부인할 수 없다. 남보다 더 잘하고, 더 많이 갖고, 더 많이 만족하
고자 하는 마음이 혁신을 만들고 인류의 발전을 이끌었다고 주장하

는 학자들도 많다.

무위의 철학자 노자는 서로 더 갖고자 싸우는 현실에서 한 걸음 물러서라고 말한다. '소사과욕'少私寡欲, 내 것을 적게 하고 욕심을 줄이라는 가르침이다. 그 바탕은 자신이 가진 것을 아끼는 검소한 마음이다. 그리고 새로운 것이 주는 화려함이 아닌 오래된 것의 질박함을 사랑하는 마음이다. 이것이야말로 우리 본성에 가까운 마음이라고 할 수 있다. 자기 내면의 가치를 소중히 하는 사람은 겉치레로 꾸미는 것들을 하찮게 생각한다. 오히려 부담스럽고 거추장스럽게 여긴다.

하지만 사람들은 내 것을 더 많이 가지고 욕심을 더욱 채우기 위해 싸운다. 소사과욕이 아닌 대사과욕大私過慾이다. 제로섬 게임의 정해진 몫에서 남의 것을 빼앗고 내가 더 차지해야 만족한다. 따라서 나를 꾸미고 과시하는 것들을 모으기에 여념이 없다. 집안도 그런 물건들로 가득 차게 된다.

독일의 물리학자 볼프강 헤클Wolfgang M. Heckl은 《리페어 컬처》에서 조금만 고장이 나도 버리고 새것을 장만하는 풍조에 각성을 불러일으키고자 한다. 이런 현상은 특히 컴퓨터나 휴대폰 등 첨단 기기들을 소비할 때 더욱 선명하게 드러난다. 점점 더 고차원적인 기술을 바라기 때문이다. 심지어 아무런 이상이 없는데도 싫증이 나서 버리기도 하고, 생산자들이 새로운 제품을 팔기 위해 내구성을 조작한다는 의혹마저 진지하게 제기되기도 했다. 이런 풍조는 우리 환경을 해치고, 직접 고쳐서 새롭게 만들 때 얻을 수 있는 우리의 창의성을 저해한다.

나를 깨달아야 나를 사랑할 수 있다

계속해서 새로운 것을 추구하는 까닭은 현재 자신이 가진 것에 만족하지 못하기 때문이다. 물론 새로운 기술과 혁신으로 새것을 추구하고 또 만드는 것은 좋은 일이다. 인류의 발전이 그로부터 말미암았다고 해도 과언이 아니다. 하지만 오래될수록 좋은 것도 있다. 프란시스 베이컨은 오래되어 좋은 것으로 땔나무, 농익은 포도주, 믿을 수 있는 옛 친구, 읽을 만한 원로작가의 글이라는 네 가지를 말했다. 그럼에도 우리는 오래 묵었기에 가치가 있는 것조차 새로운 것으로 대체하려고 한다.

우리 마음도 마찬가지다. 헌것에 만족할 줄 아는 것은 검소한 마음이다. 태어날 때부터 가진 선한 마음이다. 우리가 가진 가장 소중한 것들이지만 세상을 살아가면서 생긴 새것들에 잠식당하곤 한다. 바로 더 가지고자 하는 욕심과 이로 인해 빚어진 거친 감정들 때문이다. 물론 현실을 살아가면서 벗어날 수 없는 것일 수도 있지만, 문제는 이로 인해 선한 가치들이 밀려난다는 것이다. 우리 마음도 제로섬이기 때문이다. 성현들이 '마음을 비우라'고 권면하는 이유는 바로 여기에 있다. 마음을 비우라는 의미는 마음을 공허한 상태로 두라는 것이 아니다. 선함과 평안함이 자리 잡을 공간을 마련하라는 것이다.

내가 가진 것의 소중함을 알고, 더 가지려는 욕심을 버릴 때 진정한 휴식을 얻을 수 있다. 그때 새롭게 시작할 새 힘을 얻는다.

오래된 의자가 편안한 까닭은
긴 세월 동안 의자가 내 몸에 길들여졌듯
나 또한 의자에 몸이 맞춰졌기 때문이다.

마음의 중심이 서면
흔들려도 무너지지 않는다

保此道者 不欲盈 夫唯不盈 故能弊不新成
보차도자 불욕영 부유불영 고능폐불신성

채움을 바라지 않는다. 채우지 않으니 끊을 수 있고,
새로운 것을 취하지 않을 수 있다.

_《도덕경》

《장자》〈유좌〉宥坐에 나오는 고사다. 공자가 노나라 환공의 묘를 구경하는데 한쪽으로 비스듬히 기울어진 그릇이 있었다. 공자가 의아해 묘지기에게 물었다. "이것은 무엇에 쓰는 물건인지요?" "임금이 거처하는 곁에 두고 교훈으로 삼는 그릇(유좌지기宥坐之器)입니다." 공자가 말했다. "나도 들은 적이 있습니다. 유좌지기란 비면 기울어지고, 알맞으면 바로 서고, 가득 차면 엎어진다고 합니다."

이 말을 듣고 제자들이 물을 붓자 알맞을 때는 바로 서고, 가득 차면 엎어지고, 비게 되자 기울어졌다. 공자가 크게 한숨을 쉬며 말했

신독, 혼자 있는 시간의 힘

다. "아, 가득 차고도 엎어지지 않은 것이 어디 있을까?" 이 말을 듣고 자로子路가 물었다. "감히 가득 찬 것을 지탱하는 도리를 알고 싶습니다." 이에 공자가 이렇게 답했다.

"총명한 지혜가 있으면 어리석음으로 그것을 지키고, 공로가 천하를 덮을 사람이면 사양함으로 그것을 지키고, 용기와 힘을 세상에 떨칠 사람이면 두려워함으로 그것을 지키고, 온 세상 가득 부귀를 지니면 겸손함으로 그것을 지키는 것이다. 이것이 자신을 낮추고 또 낮추는 처세의 방법이다."

유좌지기는 군주에게 교훈을 주기 위해 만들어진 그릇이지만 그 가르침은 평범한 우리 모두에게도 해당한다. 사람들은 어려움에 처할 때에는 좀 더 나은 삶을 위해 온 힘을 다해 노력한다. 마음도 역시 갈망 때문에 기울어진다. 노력하고, 또 노력해서 마침내 최고의 자리에 오르면 그 순간부터 교만해진다. 만족하지 못하고 계속 더 많은 것을 채우기 위해 담고 또 담는다. 그때 마음은 엎어진다. 넘치는 욕심을 감당하지 못하는 것이다.

공자는 제자들에게 이러한 마음을 이겨낼 지혜를 준다. "마음을 다스리고 자족하는 경지, 즉 중용에 이르면 마음은 바르게 선다." 어떤 상황에 있든지 중심이 곧게 서면 마음은 무너지지 않는다.

《주역》〈건괘〉乾卦에서는 세상에 뜻을 펼쳐가는 사람을 네 마리 용에 비유한다. 아직 물에 잠겨 나타나지 않은 잠룡潛龍, 세상에 나타

나를 깨달아야 나를 사랑할 수 있다

나 일을 도모하려는 현룡見龍, 뜻을 펼치기 위해 날아오르는 비룡飛龍 그리고 너무 높이 날아오른 항룡亢龍이다.

현룡과 비룡의 단계에서는 곁에서 도와줄 현명한 사람을 찾아야 한다(이견대인利見大人)고 공동석으로 말하고 있다. 꿈을 이루기 위해서는 자신의 부족함을 알고, 다른 지혜로운 사람의 도움을 겸손하게 구해야 한다는 것이다. 이러한 도리를 지키지 않고 너무 높이 날아오른 용에게는 반드시 후회할 일이 생긴다(항룡유회亢龍有悔)고 경계한다. 지도자가 독선과 오만에 사로잡히면 결국 패망하고, 그때는 후회해도 소용이 없다는 것이다.

예문 또한 계속 채우고자 하는 욕심으로부터 자신을 지켜낼 수 있는 지혜를 준다. 먼저 가득 채우고자 하는 욕심을 절제하는 것이다. 하지만 욕심은 사람이라면 누구나 가지는 본능과도 같다. 무조건 욕심을 부리지 말라는 조언이 무리한 요구라고 느껴질 수 있다. 여기서 말하는 바는 지나친 욕심, 탐욕에 빠지지 말라는 것이다. 이는 그릇에 물을 넣을 때 적절한 상태에서 멈추는 것과 같다. 그럴 때 탐욕을 끊을 수 있다. 그리고 새로운 것을 바라는 마음에서도 자유로워질 수 있다.

헌 것에 만족할 줄 아는 것은 검소한 마음이자 겸손한 마음이다. 오래된 것을 빨고, 씻고, 고쳐서 새것처럼 만드는 일은 새것을 사는 일과는 차원이 다른 만족감을 준다. 마음도 마찬가지다. 새로운 것, 좋은 것만을 추구하기보다 내가 가진 것, 내가 누리는 현재에 집중할 수 있다면 오히려 삶이 행복해진다.

잠잠히 자신이 가진 것을 헤아려 보라. 혹시 내가 생각하는 것보다 훨씬 더 많이 누리고 있지는 않은가.

❖

산을 걸을 때에는
오를 때보다 내려갈 때가 더 위험하다.
그러니 높이 올랐다면 항상
고개를 숙여 밑을 조심해야 한다.

나를 깨달아야 나를 사랑할 수 있다

호랑이는 좁은 굴로
숨어 다니지 않는다

⌇

非以其無私邪 故能成其私
비이기무사사 고능성기사

사사로움이 없기에 내가 원하는 바를 이룬다.
_《도덕경》

고대 중국 춘추시대에서 '시'詩란 단순한 문학작품이 아니라 그 시대의 사상과 지혜를 집약해놓은 철학서와 같았다. 공자는 시를 모아 놓은 책을 스스로 편찬하고 '시경'詩經 즉, 경전으로 이름 붙였다. 공자는 그 이유에 대해 이렇게 말했다.

"《시경》에 있는 시 삼백 수를 한마디로 말하면 생각에 사사로움이 없다(사무사思無邪)는 것이다."

공자는 시에 담겨 있는 진실하고 올바른 뜻을 알기 위해 스스로 열심히 노력했고, 제자들에게도 시를 공부하기를 권했다. 《논어》〈양화〉陽貨에 실려 있는 가르침이다.

신독, 혼자 있는 시간의 힘

"애들아, 왜 시를 공부하지 않느냐? 시를 배우면 감흥을 불러일으킬 수 있고, 사물을 잘 볼 수 있으며, 사람들과도 잘 어울릴 수 있고, 원망을 해도 사리에 어긋나지 않을 수 있다. 가까이는 어버이를 섬기고, 멀리는 임금을 섬기며, 새와 짐승과 풀과 나무의 이름도 많이 알게 된다."

공자에게 시란 일상의 지혜와 상식 그리고 올바른 처세법도 얻을 수 있는 소중한 도구와도 같았다. 《논어》〈옹야〉에는 '사사로움이 없다'의 실례가 되는 고사가 실려 있다.

"너는 인재를 얻었느냐?" 공자의 물음에 무성읍의 읍재인 자유子游가 답했다. "담대멸명澹臺滅明이라는 자를 찾았습니다. 그는 길을 갈 때 지름길로 가지 않고, 공적인 일이 아니면 저의 방에 찾아온 적이 없습니다."

담대멸명은 공자의 제자였지만 외모가 추해서 공자에게 인정을 받지 못했다. 하지만 그는 사사로움이 없는 진실함으로 훗날 큰 성공을 거뒀다. 《사기》〈중니제자열전〉仲尼弟子列傳에는 그의 훗날에 대해 이렇게 말하고 있다.

"그는 용모가 매우 못생겨서 가르침을 받으러 왔을 때, 공자는 그가 재능이 모자라는 사람이라고 여겼다. 그러나 수업을 받은 후 물러나면 열심히 실천하며 수양했고, 길을 갈 때는 절대로 지름길로 가지 않았으며 공적인 일이 아니면 재상과 대부를 만나지 않았다. 남으로 내려가 장강에 이르렀을 때는 따르는 제자가 삼백 명이나 되었고, 주고받는 것과 나아가고 물러나는 것이 분명해 제후들에게까지 이름이 알려졌다. 공자는 이런 소문을 듣고 '나는 말하는 것으로 사람을 판단했다가 재여宰予에게 실수를 했고, 외모로 사람을 판단했다가 자우子羽(담대멸명)에게 실수를 했다'고 말했다."

남대멸명은 비록 추한 외모로 스승인 공자로부터도 외면당했지만 그 억울함을 이겨내고 공자가 후회할 정도로 큰 인물이 되었다.

사사로움이 없는 정의로운 길을 가는 것은 멀리 돌아가는 것처럼 보인다. 세상의 많은 가르침이 빠른 길을 찾아가야 한다고 말한다. '모로 가도 서울만 가면 된다'는 속담이 대표적이다. 지름길은 목적지까지 빠르게 닿도록 한다. 하지만 오래 지속되지는 않는다. 빠른 성취를 위한 조급함으로 스스로 무너지기도 하고, 알게 모르게 행했던 여러 가지 편법과 불법이 드러나 비난을 받기도 한다.

예문은 진정한 성취, 흔들리지 않는 성공을 위한 방법이다. 《도덕경》에 예문과 함께 실려 있는 '천장지구'天長地久(하늘은 넓고 땅은 아득하다)는 자연의 이치를 빌려 이를 설명해준다. 자연은 스스로를 드러내려고 하지 않기에 오래 갈 수 있다. 그 다음에 실려 있는 구절인 '성인은 몸을 뒤에 둠으로써 오히려 앞설 수 있다'(시이성인후기신이신선是以聖人後其身而身先)는 이러한 성찰을 사회의 이치에 적용한 것이다.

세상에서 성공할 수 있는 길은 많다. 하지만 부끄럽지 않은 길은 드물다. 사사로운 욕심과 탐욕에서 벗어나 정의로운 방법을 추구할 때 스스로에게 떳떳한 성공을 거둘 수 있다.

빠르게 질러가고자
길 없는 길을 재촉하다 보면
길다운 길을 놓치게 된다.

나를 마주 보고, 나를 깨뜨리고,
나를 사랑하라

知人者智 自知者明
지인자지 자지자명

사람을 아는 것은 지혜이고, 나 자신을 아는 것은 명철함이다.
_《도덕경》

사람은 누구나 다른 사람의 마음을 알고 싶어 한다. 만약 내가 설득하려고 하는 사람의 마음을 알 수 있다면 그 사람의 마음을 사로잡기란 너무나 쉬운 일이 될 것이다. 따라서 사람의 마음을 아는 것은 처세술의 가장 높은 경지라고 할 수 있다.

개인의 처세뿐 아니라 전쟁에서도 자신을 알고 상대방을 아는 것은 승리의 지름길이다. 《손자병법》孫子兵法에는 '지피지기 백전불태'知彼知己百戰不殆가 중요한 전술의 하나로 실려 있다. "나를 알고 상대를 안다면 백 번 싸워도 위태롭지 않다"는 뜻이다. 흔히 싸우는 족족 이기는 '백전백승'으로 알고 있지만, 오히려 '백전불태'가 더 높은 경지다. 전쟁에 나서는 이들에게 가장 중요한 목표는 전장에서 나 자신을 안전하게 지키는 것이기 때문이다. 설사 백 번을 싸워 모두 승리한다고 해도 내가 안전하지 못하다면 그 승리는 아무런 의미가 없다.

사람의 마음을 아는 것은 결코 쉬운 일이 아니다. "열 길 물속은 알아도 한 길 사람 속은 알 수 없다"는 속담이 잘 말해준다. 사람을 아는 것은 오직 지혜로운 사람에게만 가능한 일이다. 그 힘이 되는 것이 바로 공부다. 특히 사람에 관한 학문인 인문 고전은 사람을 아는 통찰력을 키우는 데 큰 도움이 된다.

노자는 그보다 더 높은 차원을 이야기하는데, 바로 나 자신을 아는 것이다. 사람의 마음을 아는 것은 공부를 통해 가능하지만, 나 자신을 아는 것은 내가 지닌 한계를 벗어나야 하기에 어렵다. 욕심, 자존심, 자만심, 교만, 자기 연민, 비교 의식 등 스스로도 제어하기 어려운 장애물이 가로막는다. 무엇보다 어려운 것은 끊임없이 변하는 내 마음이다. 처해 있는 상황에 따라, 대하는 상대에 따라 수시로 바뀌는 마음을 통제하기는 보통 어려운 일이 아니다.

공자는 제자들과의 대화를 통해 이러한 이치를 말해준다. 《순자》, 《공자가어》孔子家語 등에 실려 있다.

공자가 자로에게 물었다. "지혜로운 자는 어떠하며, 인한 자는 어떠하냐?" 자로가 답했다. "지혜로운 자는 남들이 알아주고, 인한 자는 사람에게 사랑받습니다." 같은 질문을 자공에게 하자 이렇게 답이 돌아왔다. "지혜로운 자는 사람을 알고 인한 자는 사람을 사랑합니다." 안회는 같은 질문에 "지혜로운 자는 자신을 알고, 인한 자는 자

나를 깨달아야 나를 사랑할 수 있다

신을 사랑합니다"라고 대답했다.

이 대화 후에 공자는 자로를 군자, 자공을 선비다운 군자(사군자士君子), 안회를 명철한 군자(명군자明君子)라고 칭했다. 군자보다는 사군자가 차원이 높고, 명군자는 가장 높은 차원이다. 자신을 알고, 자신을 사랑하는 것이 모든 배움의 목표이자 정점이다. 그래서 옛 선비들은 이 차원에 도달하기 위해 끊임없이 정진하고 수양했다.

나를 알기 위해서는 먼저 마음의 평안을 얻어야 한다. 시시때때로 흔들리는 마음으로는 나 자신을 제대로 볼 수 없다. 흐르는 물에는 얼굴을 비춰볼 수 없듯이 마음 역시 마찬가지다. 일에 몰두하는 바쁜 일상에서는 더더욱 '잠시 멈춤'의 여유를 내기 어렵다. 혼자됨이 필요한 이유다.

매일 밤 잠잠히 나의 내면을 들여다본다면 진실한 내 모습과 마주할 수 있다. 나를 직시할 수 있다면 현재 내가 처해 있는 상황을 담담히 받아들이고, 내가 나아갈 길에 대해 생각해볼 수 있다. 부에 처하면 겸손한 마음으로 나눔을 실천하고, 빈천에 처하면 잠잠히 때를 기다리며 실력을 키우면 된다. 그리고 그것을 위해 지금 무엇을 해야 할지를 크게 그려볼 수 있다면, 우리를 밤마다 뒤척이게 하는 일상의 작은 고민은 사라질 것이다.

❖

삶을 똑바로 볼 수 있다면 나를 이해하게 된다.
나를 이해할 수 있다면 나를 사랑하게 된다.

자신을 아끼는 사람만이
타인을 아낄 수 있다

貴以身爲天下 若可寄天下 愛以身爲天下 若可託天下
귀이신위천하 약가기천하 애이신위천하 약가탁천하

제 몸을 천하같이 소중히 여기는 사람에게는 천하를 줄 수 있고,
제 몸을 천하같이 사랑하는 사람에게는 천하를 맡길 수 있다.
_《도덕경》

파스칼은 《팡세》Pensees에서 이렇게 말했다.

"인간은 자연에서 가장 연약한 한 줄기 갈대다. 그러나 인간은 생각하는 갈대다. 인간을 꺾기 위해 온 우주가 무장할 필요는 없다. 한 줄기의 증기, 한 방울의 물만으로도 충분하다. 그러나 우주가 인간을 짓이긴다고 해도 인간은 자신을 죽이는 우주보다 더 고귀하다. 인간은 자기가 죽는다는 것을, 그리고 우주가 자신보다 우월하다는 것을 알기 때문이다. 따라서 우리의 모든 존엄은 사유로 이뤄져 있다. 우리가 자기 자신을 높여야 하는 이유는 우리가 채울 수 없는 공간과 시

간에서가 아니라 바로 이 지점에서부터 비롯된다. 그러니 올바르게 사유하도록 힘쓰라. 이것이 곧 도덕의 원리다."

인간은 한낱 갈대와 같이 미약한 존재지만 생각을 할 수 있기에 손엄성을 지닌다. 생각을 통해 인간은 자신의 한계와 미약함을 알게 되고, 올바른 도덕성을 지켜 나간다. 이 말은 하늘과 땅, 사람을 묶어 '삼재'三才라고 했던 동양 철학과 일맥상통한다.

《도덕경》제13장에 실려 있는 예문은 그 이점을 말해준다. 자신을 사랑하고 귀하게 여기는 자는 천하를 얻을 수 있다는 것이다. 뜬금없다고 느낄 수도 있지만 《도덕경》에서는 그 이유도 함께 말해준다. 예문의 앞에 실려 있는 글이다.

"총애를 받거나 수모를 당하거나, 모두 깜짝 놀란 듯이 하라.
큰 환란을 귀하게 여기기를 내 몸과 같이 하라.
총애를 받거나 수모를 당하거나 모두 깜짝 놀란 듯이 하라는 말은 무슨 뜻인가?
총애는 하등의 것이다. 그것을 얻어도 놀란 듯이 하고, 그것을 잃어도 놀란 듯이 한다.
이것이 깜짝 놀란 듯이 하라는 말의 뜻이다.
큰 환난을 귀하게 여기기를 내 몸과 같이 하라는 말은 무엇을 뜻하는가?
나에게 큰 환난이 있는 까닭은 나에게 몸이 있기 때문이다.
나에게 몸이 없다면 어떤 환난이 있겠는가?

그러므로 제 몸을 천하와 같이 소중히 여기는 사람에게는 천하를 줄 수 있고,

제 몸을 천하와 같이 사랑하는 사람에게는 천하를 맡길 수 있다."

다른 사람에게 총애를 받는 것은 누구나 바라는 일이다. 하지만 총애는 사람과의 관계에서 비롯되기에 쉽게 변화하기 마련이다. 상황이 바뀔 수도 있고, 상대방의 마음이 변할 수도 있다. 따라서 노자는 총애란 하급의 감정이라고 한다. 약간의 자극만으로 쉽게 변하기에 큰 가치와 의미를 줄 필요가 없다는 것이다.

환란 역시 마찬가지로 순간적이다. 지금 겪는 환란이 영원할 수는 없다. 환란을 겪을 때 사람들은 두 가지 선택을 한다. 하나는 자신을 포기하는 것이고, 하나는 자신의 소중함을 깨닫고 더 나은 삶을 위해 노력하는 것이다. 오히려 환란이 하늘이 준 소명을 깨닫고, 더 큰일을 이룰 수 있는 바탕이 되기도 한다. 이때 환란은 나에게 가장 유익한 것이 된다.

하지만 사람들은 반대로 행동한다. 총애를 받을 때는 자신을 귀하게 여기고, 환란에 있을 때는 스스로를 아무런 가치가 없는 것으로 여긴다. 사람으로서 어쩔 수 없는 한계라고 생각할 수 있지만, 그 생각은 바꿀 수 있다. 내가 처한 상황이 어떻든 내가 귀하고 소중한 존재라는 사실은 변함이 없다.

다른 사람들로부터 나의 생각을 지키는 것은 소중한 자아를 찾는 비결이다. 사람들 틈바구니에서 떠나 잠잠히 나를 돌아볼 때 내 삶의

나를 깨달아야 나를 사랑할 수 있다

의미와 가치를 분명히 인식할 수 있다. 천하와 같이 소중한 나의 존재를 인식할 수 있다면 내가 나아갈 길을 찾을 수 있고, 그 의지를 다질 수 있다.

❖

타인과의 관계를 내가 결정할 수는 없다.
그러나 관계를 받아들이는 태도는 내가 결정할 수 있다.

길을 잃지 않으려면
천천히 걸어야 한다

人莫鑑於流水 而鑑於止水
인막감어유수 이감어지수

사람은 흐르는 물을 거울삼지 않고 고요하게 멈춘 물을 거울삼는다.
_《장자》

《논어》〈옹야〉에서 공자는 "지혜로운 사람은 물을 좋아하고, 인한 사
람은 산을 좋아한다"(지자요수 인자요산 知者樂水 仁者樂山)라고 말했다. 요
즘도 많이 쓰는 '요산요수'樂山樂水의 원전이다. 공자는 특히 물을 좋
아해서 항상 물을 가까이했다. 그리고 제자들에게도 물을 닮아야 한
다는 가르침을 줬다. 《순자》에서는 공자와 제자 자공과의 대화를 이
렇게 싣고 있다.

공자가 동쪽으로 흐르는 물을 유심히 바라보고 있자 자공이 그
곡절을 물었다. "군자가 물을 볼 때 유심히 관찰하듯이 보는 것은 무
슨 까닭입니까?"

나를 깨달아야 나를 사랑할 수 있다

공자가 대답했다. "물은 모든 생물에게 두루 미치면서도 마치 아무것도 한 것 같지 않으니 덕이 있는 사람과 같다. 낮은 곳으로 구불구불 흐르면서도 이치에서 벗어나지 않으니 의로운 사람과 같다. 계속 솟아 나오면서도 다함이 없으니 도를 깨친 사람과 같다. 백 길 골짜기로 떨어지면서도 두려워하지 않으니 용감한 사람과 같다. 움푹한 곳을 평평하게 하니 법도를 지키는 것이고, 어느 곳이든 가득 채워 튀어나온 곳이 없으니 공정하다. 들어오는 자를 모두 깨끗하게 만드니 좋은 가르침을 주는 사람과 같고, 굽이굽이 만 번을 꺾여도 반드시 동쪽을 향하니 지조를 지키는 사람과 같다. 그래서 군자는 큰물을 볼 때 반드시 깊이 관찰한다."

공자는 물을 어느 한 곳 모자람 없이 최고의 경지에 다다른 성인聖人에 비유했다. 이러한 물의 성품을 보면서 공자는 물을 닮기 위해 끊임없이 성찰하고 자신을 성장시켜 나갔다.

공자는 흐르는 물이 아닌, 멈춰 있는 물에서도 가르침을 얻었다. 예문의 글이 바로 그것인데, 《장자》에 실려 있다.

죄를 지어 다리가 잘린 왕태王駘에게 배움을 얻고자 사람들이 모이는 것을 보고, 공자의 제자 상계常季가 궁금해했다. '왜 성한 사람도 아닌 왕태에게 사람들은 가르침을 받으려고 하는가?' 답을 찾지 못하고 스승인 공자에게 그가 어떤 사람인지 묻자 공자가 대답해준다.

"그는 성인이다. 나는 머뭇거리다가 아직 그를 따르지 못했을 뿐이다. 장차 나도 그를 스승으로 삼으려고 하는데, 보통 사람들은 어떻겠는가? 나는 천하 사람들을 이끌고 가서 함께 그를 따를 것이다."

신독, 혼자 있는 시간의 힘

세상에서 가장 뛰어나다고 생각했던 공자가 다리가 불편한 왕태를 지극히 높이는 것을 보고 상계는 납득하기가 어려웠다. 그래서 그 이유를 묻자 공자가 대답했다.

"사람은 흐르는 물을 거울삼지 않고 고요하게 멈춘 물을 거울삼는다. 오직 멈추어 있는 것만이 스스로 멈출 수 있어 많은 사람을 멈추게 할 수 있다."

사람들은 오늘도 쉼 없이 분주한 삶을 살고 있다. 부와 명예를 추구하기에 바쁘고, 삶을 영위하기에 여념이 없다. 무엇보다도 사람들 간의 갈등 때문에 번거롭다. 어려움이 끝없이 계속될 것 같은 현실에 사람들은 갈피를 잡지 못한다. 이때 필요한 것이 잠깐 멈춤의 시간이다. 멈춰야 생각할 수 있고, 생각해야 얻을 수 있다. 내 얼굴을 제대로 보려면 멈춰 있는 물을, 내 마음을 제대로 보려면 마음이 고요한 사람을 찾아야 한다. 직접 만날 수 없다면 그들이 남긴 책을 읽는 것도 도움이 된다. 바로 고전이다.

멈춤의 시간, 고전이 말해주는 지혜로 자신을 비춰볼 수 있다면 있는 그대로의 자신을 볼 수 있다. 그리고 스스로가 바라는 이상적인 자신을 위해 해야 할 일과 나아갈 길을 알 수 있게 된다.

❖

가만하게 마주보아야
거울이 보고자 하는 모습을 제대로 비춰준다.

나를 깨달아야 나를 사랑할 수 있다

먼지 앉은 거울로는 밝게
비춰 볼 수 없다

鑑明則塵垢不止 止則不明也

감명즉진구부지 지즉불명야

깨끗한 거울에는 먼지와 때가 남아 있지 않고,
남아 있으면 밝게 비출 수 없다.

_《장자》

《장자》에는 정나라의 재상이었던 자산子產과 형벌로 다리가 잘린 신도가申徒嘉의 이야기가 나온다. 두 사람은 당대의 스승이었던 백혼무인伯昏瞀人에게 수학했다. 신도가와 함께 배우는 것이 부끄러웠던 자산은 신도가에게 나가 달라고 요청하며, 불구인 처지에 어떻게 자신처럼 높은 지위에 있는 사람과 함께 공부할 생각을 할 수 있느냐고 비난한다.

"내가 나가면 그대는 머물러 있고, 그대가 먼저 나가면 내가 머물러 있겠네. 지금은 내가 나가려고 하니 그대는 남아 있으면 안 되겠는

신독, 혼자 있는 시간의 힘

가? 그대는 정사를 맡은 나를 보고도 피하지 않으니, 그대가 나와 신분이 같다고 생각하는가?"

그러자 신도가가 말했다.

"스승님의 문하에 정사를 집행하는 자와 아닌 자를 가르는 구분이 있습니까? 그대는 자신이 정사를 집행한다고 해서 남을 업신여기는 사람이었습니까? 듣기로 '깨끗한 거울에는 먼지와 때가 남아 있지 않고, 남아 있으면 밝게 비출 수 없다'고 합니다. 오랫동안 어진 이와 있으면 허물이 없어진다고 하는데, 덕이 높은 스승과 함께함에도 이같은 말을 하니 어찌 허물이 아니겠습니까?"

자산은 지위가 높을 뿐 아니라 덕성도 뛰어나 백성들로부터 두터운 신망을 받았다. 공자도 그를 두고 "은혜로운 사람이다(혜인야惠人也)"라고 인정할 정도였다. 하지만 이처럼 탁월한 사람도 자신을 둘러싸고 있는 한계에서 벗어나지 못했던 적이 있었다. 그만큼 나와 남을 비교하는 습관, 나보다 못나 보이는 사람을 볼 때 느끼는 우월감, 그로부터 비롯된 교만 등 마음의 벽을 깨뜨리기란 쉽지 않다.

신도가의 말처럼 거울이 깨끗하지 않으면 사람들을 바로 볼 수 없다. 무엇보다도 자신의 얼굴을 제대로 볼 수 없기에 날마다 자기만의 거울을 닦아야 한다. 깨끗한 마음의 거울로 자신을 볼 때, 자기의 본모습을 제대로 볼 수 있고 다른 사람 역시 바르게 볼 수 있다. 신도가는 이어서 이렇게 말해준다.

"스스로 자기 잘못을 변명하며 발이 잘리는 형벌을 받지 말았어야 했다고 말하는 사람은 많아도, 그 잘못을 변명하지 않고 애초에

나를 깨달아야 나를 사랑할 수 있다

발이 있어서는 안 되었다고 말하는 자는 드뭅니다. 형벌을 당한 것이 사람의 힘으로 어쩔 수 없음을 알고, 운명으로 받아들여 마음을 평안히 하는 것은 오직 덕이 있는 사람만 할 수 있습니다. 궁술의 명인 예(羿)가 활을 쏘았을 때 그 사정거리 안에 있으면 화살을 맞기 마련입니다. 만약 맞지 않는다면 운이 좋았던 것입니다.

세상 사람 중에는 내게 다리가 없다고 비웃는 이들이 많습니다. 나는 그 말을 들으면 화가 나지만 스승님께 갔다 오면 모든 것을 잊을 수 있습니다. 나는 19년 동안 스승님과 함께 지내왔지만 내가 다리가 없다는 것을 모르고 살았습니다. 그대와 나는 마음으로 사귀는데 그대는 오직 겉모습에서 나를 찾고 있으니 어찌 잘못이 아닙니까?"

이 말을 듣고 자산은 자세를 고치며 말했다.

"자네, 부디 그만해주게나."

누구나 살아가면서 어려운 시기를 맞는다. 그 어려움을 어떻게 받아들이느냐에 따라 그 사람의 남은 삶이 달라진다. 환경을 탓하고, 주위 사람들을 원망하고, 심지어 하늘까지 원망하며 자신을 한탄하는 사람의 미래는 밝을 수 없다. 운명에 순응하고 마음을 평안히 하며 덕을 키워나가는 사람은 자기 앞날을 잘 열어갈 수 있다. 설사 어려움이 계속된다고 해도 그의 삶은 행복하다. 그 시작은 마음의 거울을 닦는 것이다.

신독, 혼자 있는 시간의 힘

거울 앞에 설 때마다 내가 달라 보이는 까닭은

거울에 비친 나를 받아들이는

내 마음이 항상 같지 않기 때문이다.

공부는 처음의 배움으로
돌아가려는 노력이다

歸根曰靜 是謂復命 復命曰常 知常曰明
귀근왈정 시위복명 복명왈상 지상왈명

근본으로 돌아가는 것을 고요함이라 하고, 고요하게 있는 것을
생명의 회복이라 한다. 생명의 회복이란 변하는 세상에서 변하지 않는 것
을 아는 것이고, 이를 아는 것을 명철함이라고 한다.

_《도덕경》

모든 직장은 분주하다. 꼭 직장이 아니더라도 무언가를 이루기 위해
모인 곳에서는 모든 것이 바쁘게 돌아간다. 바쁘지 않으면 일을 하지
않은 것처럼 느껴진다. 물론 잠잠히 궁리해야 하는 업종도 있지만 바
쁜 것은 마찬가지다. 설사 몸은 한가할지 몰라도 마음은 분주히 움직
여야 한다. 몸이 아니라 머리로, 생각으로 일하기 때문이다.

일상을 마치고 집으로 돌아가면 휴식을 취하는데, 그때는 몸도 마
음도 고요하다. 이때 진정한 회복이 일어난다. 회복이란 원래의 내 모

신독, 혼자 있는 시간의 힘

습으로 돌아가는 것이다. 일하는 과정에서 생겨난 다양한 감정들, 무언가를 얻기 위한 욕심들에서 벗어나 순수한 나 자신이 될 수 있다. 하늘이 준 나의 근본으로 돌아가기 때문이다. 이때 조용히 나 자신을 관조할 수 있고, 끊임없이 변하는 세상에서 변하지 않는 진리를 알 수 있다. 하늘이 준 지혜, 명철함이 회복되기 때문이다. 《도덕경》 제16장에 실린 예문이 말하는 바다. 그 전문은 이렇다.

"텅 빔이 극에 이르고 고요함이 두터워지면 만물이 생기고 되돌아감을 볼 수 있다.

세상 만물은 다투어 생겨나고 제각기 그 근본으로 돌아간다.

근본으로 돌아가는 것을 고요함이라 하고, 고요하게 있는 것을 생명의 회복이라 한다.

생명의 회복이란 변하는 세상에서 변하지 않는 것을 아는 것이고, 이를 아는 것을 명철함이라고 한다.

이 이치를 모르면 망령되어 흉한 일을 겪게 되고, 이 이치를 알면 관용을 베풀 수 있다.

관용을 베풀면 공평하게 되고, 공평하면 온전해질 수 있다.

온전해지면 천하가 평안하고 도에 이를 수 있다.

도는 영원하니 도에 이르면 위태롭지 않게 자신을 지킬 수 있다."

세상의 평안과 자신의 안전은 누구나 바라는 일일 것이다. 그 시작은 고요함에서 비롯된다. 내 마음이 고요할 때 하늘이 준 지혜, 명

나를 깨달아야 나를 사랑할 수 있다

철함이 깨어난다. 끊임없는 분주함 속에서 잃어버렸던 내 본연의 모습과 능력이 회복된다. 사람이 태어날 때 가진 능력과 재능은 무한하다고 한다. 하지만 이러한 능력을 극히 일부밖에 발휘할 수 없는 까닭은 스스로 제한하기 때문이다. 창의성, 학습능력, 도전정신, 의지력 등 우리가 갖고 싶은 많은 재능은 이미 우리가 가지고 있는 것들이다. 잠들어 있던 그 재능들이 스스로 깨어나게 하려면 하늘이 부여한 근본으로 돌아가야 한다.

《논어》에 있는 '본립도생'本立道生이 말하는 바도 같다. '근본이 바로 서면 도가 생겨난다' 혹은 '근본이 바로 서면 길이 열린다'로 해석할 수 있다. 막막할 때, 한계를 느낄 때, 좌절할 때 가장 먼저 해야 할 일은 바로 '근본'을 바로 세우는 것이다. 그때 나아갈 길이 열리고, 가고자 하는 곳으로 멈춤 없이 갈 수 있다.

신독, 혼자 있는 시간의 힘

배움이란 미로와 같아,
길고 긴 길을 맴돈 끝에
처음으로 돌아가는 과정이다.

切磋琢磨

절차탁마

옥돌을 갈고닦아 빛을 내다

몸에 새기고
마음을 벼리듯
공부하라

낡은 껍데기를
새로운 껍데기로 바꾸듯 성장하라

日就月將 學有緝熙于光明
일취월장 학유집희우광명

나날이 나아가고 다달이 성장하니 배움이 광명에 이른다.
_《시경》

일취월장은 노력을 멈추지 않아서 계속 성장한다는 칭찬의 뜻으로 요즘도 많이 쓰인다. 실력이 발전해 나가는 것은 누구나 바라는 일이기에 어감이 상당히 좋다. 많은 사람이 호감을 느끼는 구절로, 그 전문은 중국 주나라 시대의 시를 모아 놓은 책 《시경》에 실려 있다.

나는 부족한 자로 비록 총명하지도 신중하지도 않지만
나날이 나아가고 다달이 성장하여 배움이 광명에 이를 것이니
맡은 일을 도와 나에게 밝은 덕행을 보여 주오.
유여소자 불총경지維予小子 不聰敬止

몸에 새기고 마음을 버리듯 공부하라

일취월장 학유집희우광명日就月將 學有緝熙于光明

불시자견 시아현덕행佛時仔肩 示我顯德行

중국 주나라의 성왕이 신하들에게 '자신은 어리석고 능력이 부족하지만, 열심히 노력해서 성장할 것이니 당신들 역시 나를 도와 능력을 보여 달라'고 당부하는 내용이다. 좋은 글인 만큼 몇 가지 새겨야 할 점이 있다.

먼저 공감을 만드는 당부의 방법이다. 예문에서는 최고의 자리에 있는 군주가 했던 말이지만 그 내용은 누구에게나 해당된다. 공감을 얻기 위해서는 먼저 겸손하게 자신의 부족함을 인정할 수 있어야 상대방의 마음도 열 수 있다. 자신이 높은 지위에 있다고 해서 강압적으로 명령한다면 받아들여지기 어렵다. 설사 마지못해 따른다고 해도 진심을 다하지는 않을 것이다.

그다음 '날마다 달마다' 구절은 더욱 중요한 의미를 가진다. 이 말은 두 가지로 해석할 수 있는데, 모두 의미가 있다. 먼저 '날마다'는 낮, '달마다'는 밤을 뜻한다. 낮에도 노력하고 밤에도 노력하면 온종일 노력을 멈추지 않는 것이다. 이렇게 노력하는 사람은 당연히 성장을 멈추지 않는다.

또 하나는 노력이 단 하루에 그치지 않고 계속 이어진다는 것이다. 《순자》에서는 "중간에 그만 두지 않으면 쇠와 돌에도 무늬를 새길 수 있다"고 했다. 《회남자》淮南子에서는 "부드러움을 쌓아 나가면 견고해지고, 약함을 쌓아 나가면 강해진다"라고 했다. 바로 쌓아 나감의 힘이다. 아무리 약하고 부드러운 존재라고 해도 남다른 노력을 쌓아 나가면 강인한 실력자가 될 수 있다. 이것은 잘 알려진 '1만 시간의 법칙'과도 통한다.

말콤 글래드웰은 '특출난 존재', 아웃라이어Outlier가 되기 위해 필요한 조건으로 1만 시간의 법칙을 주장했다. 성공한 사람들은 특별한 자질을 타고나서가 아니라 최소 1만 시간을 꾸준히 노력했기 때문이며, 누구나 이러한 정성과 노력을 기울이면 자신이 몸담은 방면에서 최고의 자리에 오르는 성공을 거둘 수 있다는 내용이다.

다중지능이론의 창시자인 하워드 가드너 하버드 대학 교수 역시 어떤 사람이 한 분야에서 최고의 경지에 오르려면 최소한 10년을 집중해야 한다는 주장을 하고 있다. 프로이트, 아인슈타인, 피카소, 스트라빈스키 등 다양한 분야에서 뚜렷한 족적을 남긴 창의적인 인물들을 분석한 결과, 그들 모두가 최소 10년간 연구와 연습에만 몰입해 놀라운 결과를 만들었다는 것이다. 그의 주장에 따르면 이와 같은 10년간의 숙성 과정을 거치고 나면 축적한 역량은 10년간 발휘되고, 또 10년간은 다른 분야로 확산된다.

지금 하는 일이 무엇이든 이루고 싶은 꿈이 있다면 나날이 나아가고 다달이 달라지는 노력을 해야 한다. 일취월장이라는 축적의 과정은 남다른 결과를 만들어내기 위해 반드시 필요한 시간이다. 이를 위해서는 평소와 똑같은 생활에서 벗어나야 한다. 낯익은 것과의 결별, 바로 고립된 삶이 필요하다. 사람들은 본능적으로 고립된 삶을 싫어하고 두려워한다. 하지만 분명한 목표가 있을 때는 얼마든지 그것을 감내할 수 있다. 오히려 하루하루 성장하는 자신을 보며 즐겁고 기쁘게 그 일을 해낼 수 있을 것이다.

❖

사람은 물과 같아 흐르다 보면 나를 놓치게 된다.
그러니 가끔은 넘칠 때까지 스스로를 가둬야 한다.

오늘 시작하고, 내일 길들이고,
모레 되새긴다

士別三日 卽當刮目相對
사별삼일 즉당괄목상대

선비는 사흘이면 눈을 다시 뜨고 볼 만큼 성장해야 한다.

_《삼국지》三國志

《손자병법》에는 훌륭한 장수가 반드시 지녀야 할 다섯 가지가 실려 있다. 바로 지智, 신信, 인仁, 용勇, 엄嚴이다.

'지'는 상황을 읽고 정세를 판단하는 지략이다. 지략은 폭넓은 군사 지식을 기반으로 하지만 그것만으로는 부족하다. 배워 익힌 지식을 실전에 적용시킬 수 있는 사고력은 물론 경험과 경륜이 뒷받침돼야 한다.

'신'은 자신의 신념과 소신을 확고히 지켜나가는 것이다. 그리고 이를 기반으로 부하들로부터 확고한 신뢰를 받는 것이다. 따라서 장수는 솔선수범해서 희생할 수 있어야 한다. 자신의 이익만 챙길 줄 아

몸에 새기고 마음을 벼리듯 공부하라

는 상사는 누구에게도 믿음을 얻지 못한다.

'인'은 부하들을 사랑과 배려로 이끄는 것이다. 장수가 사랑과 배려로 군대를 이끌면 중간 간부들은 장수를 진정으로 따르고, 병사들은 목숨을 바쳐 충성한다.

'용'은 용맹스러움을 뜻하지만 단순히 담대한 성정과 맹렬한 투지에 한정되는 것은 아니다. 용기가 지나쳐서 만용이 돼서도 안 되고, 어떤 상황에서도 물러서지 않는 무모함이 돼서도 안 된다. 장수의 용맹은 냉철한 판단과 과감한 결단력을 가리킨다.

'엄'은 스스로에 대한 엄격함이다. 위엄 있는 튼실함과 철저함이 장수에게 갈무리되어 있어야 군대의 기강을 지킬 수 있다. 평소에는 부하를 사랑으로 대해야 하지만 공적인 일에서는 위엄을 지켜야 한다. 특히 명령의 엄정함과 확고한 위계질서는 조직을 운영하며 결코 놓쳐서는 안 되는 요소다.

지략, 신의, 사랑, 용기, 엄정. 이 다섯 가지는 훌륭한 장수가 지녀야 할 핵심 자질이며, 이를 모두 갖춘 장수가 이끄는 전쟁은 반드시 승리한다고 손자는 말했다.

중국 삼국시대 오나라의 여몽呂蒙은 장수로서 다른 자질은 충분했지만 학식이 모자란 것이 유일한 흠이었다. 오의 황제 손권孫權은 책을 읽을 시간이 없다는 여몽에게 자신도 책을 계속 읽고 있다고 하면서 "후한의 광무제光武帝는 변방의 전장에서도 손에서 책을 놓지 않았으며, 위나라의 조조曹操는 늙어서도 배우기를 즐겨 했다"라는 이야기를 들려줬다.

신독, 혼자 있는 시간의 힘

황제의 충고에 크게 깨우친 여몽은 전장에서도 책을 늘 가까이하고 정진함으로써 평소에 그를 업신여기던 대도독 노숙魯肅을 경탄하게 만든다. 노숙은 군영에서 촉나라의 명장 관우關羽에게 맞서는 대책을 논의할 때 여몽의 다섯 가지 대책을 듣고는 깜짝 놀랐다. 노숙은 여몽에게 "나는 이제껏 자네를 무용과 군사적 지략만 있을 뿐이라 업신여겼는데, 이제는 학식도 뛰어나니 예전의 여몽이 아닐세"라고 말했다. 그 말에 여몽은 "선비는 헤어진 지 사흘이면 눈을 비비고 다시 봐야 합니다"라고 대답했다. 그 후 여몽은 용맹한 무장은 물론 지략을 갖춘 지장智將까지 되어 노숙의 뒤를 이어 오나라의 대도독이 되었다.

훌륭한 장수가 반드시 갖춰야 할 자질과 능력을 말해주는 고사이지만, 여기서 사흘이라는 시간에 주목해보자. 고사에서 이야기하는 사흘이란 단순히 삼일이라는 기간이 아니라 '못 보던 시간'이라는 의미다. 예전의 나와 확실히 결별하고 완전히 변모하기 위해서는 기존의 환경에서 벗어날 수 있어야 한다. 여기에는 당연히 모든 관계와 단절하는 시간도 포함된다. 항상 어울리던 익숙한 사람, 하던 일의 타성에 젖어 있으면 새로운 나로 바뀔 수 없다.

그래서 익숙한 것과 단절된 나만의 시간은 내가 성장할 수 있는 최적의 기회이기도 하다. 그 시간에 남다른 노력을 쏟을 수 있다면 이전과는 완전히 달라진 자신이 될 수 있다. 당연히 잠시 나에게서 떠나 있던 사람들의 눈은 놀라움에 크게 뜨인다. "만만치 않은 상대가 되었구나!"

몸에 새기고 마음을 버리듯 공부하라

작심삼일을 꾸준하게 반복하면
어느덧 삼 일 간격으로 이어진 습관이 된다.
사람은 그렇게 성장한다.

날마다 자신을 허물지 못하면
일상에 허물어지게 된다

苟日新 日日新 又日新
구일신 일일신 우일신

진실로 하루를 새롭게 하고 날마다 새롭게 하고 또 나날이 새롭게 하라.
_《대학》

어른의 학문인 《대학》의 첫머리에는 이렇게 실려 있다.

'대학지도 재명명덕 재신민 재지어지선'大學之道 在明明德 在新民 在止
於至善, 대학의 도는 밝은 덕을 밝히는 데 있고, 백성을 새롭게 하는
데 있으며, 지극한 선에 머무르는 데 있다는 의미다.

옛 선비들은 사람의 도리를 배우는 《소학》小學을 마무리하면 그다
음은 《대학》을 통해 세상에 나가 큰일을 할 수 있는 기반을 닦는 공
부를 시작했다. 그 공부에서 제시하는 세 가지 강령이 바로 덕을 키우
고, 사람을 새롭게 하고, 선을 지키는 것이다. 장차 세상을 다스릴 지
도자가 배우고 익혀야 할 도리라고 할 수 있다. 지도자는 밝은 덕을

몸에 새기고 마음을 벼리듯 공부하라

지닌 존재가 되어야 하고 올바른 선善을 지니고 지켜야 한다. 그래야 스스로 새롭게 될 수 있고, 그럼으로써 주변 사람들도 새롭고 올바른 삶을 살 수 있게 된다.

예문은 지도자가 자신을 새롭게 하는 방법이다. 사람들을 새롭게 하기 위해서는 지도자 자신부터 새롭게 변화하지 않으면 안 된다. 그리고 그 변화는 날마다 계속되어야 한다. 진정한 변화란 단 한 번 크게 변하는 것도, 이벤트처럼 특별한 날에 한 번 시도해서 되는 것이 아니다. 새해를 맞으며 그때마다 변화하겠다고 결심했던 우리가 항상 작심삼일에 그쳤던 경험들이 이를 잘 말해준다.

중국 은나라의 탕왕湯王은 자신의 대야에 이 글을 새겨 놓았다. 하루를 시작하며 세수를 하지 않을 수 없으니 날마다 마주하며 마음에 새겼을 것이다. 세수를 하고 목욕을 하면 얼굴과 몸이 깨끗해지듯이 날마다 마음을 닦아 새롭게 하면 마음이 깨끗해진다.

사람들은 모두 날마다 새로운 몸과 마음이 되기를 원한다. 날마다 얼굴을 씻는 것은 잊지 않지만, 마음을 닦고 학문을 연마하는 일은 작심삼일이 되는 경우가 많다. 얼굴은 씻으면 바로 개운해지지만 마음이나 학문은 그 변화가 더디기 때문이다. 자신의 변화를 실감하지 못하기에 점차 지치고, 결국 포기하고 만다.

진정한 변화를 원한다면 바로 지금 변화해야 한다. 그리고 진실한 마음으로 달라져야 한다. 이전의 나와 확실하게 결별하고, 새로운 나로 바뀌겠다는 간절한 마음이 진정한 변화를 이끌 수 있다. 그다음은 날마다 변화해야 한다. 오늘 하루의 변화에 만족하지 않고 날마다 변화할 때, 하루하루 성장하는 자신을 만나게 될 것이다.

그리고 변화에 둔감해져서도, 지쳐서도 안 된다. 변화한다는 것은 새로운 마음가짐으로 하루를 시작하는 것이다. 기쁜 마음으로, 감사한 마음으로 맞을 때 하루를 새롭게 시작할 수 있다. 그렇게 하루를 의미 있게 보내고자 노력하는 나날이 쌓이다 보면 우리 인생은 곧 의미로 채워질 것이다.

특별한 계기가 없는 한 우리의 하루는 어제와 다를 바 없이 지루할 것이다. 정해진 일상을 반복하면서 그 속에서 변화를 찾는 것은 쉽지 않다. 그 방법도 탕왕이 가르쳐 준다. 하루에서 변화를 위한 시간을 정하는 것이다. 탕왕은 그 시간을 세수하는 때로 정했다. 세수는 하루를 시작하면서 하지 않을 수 없기에 탕왕은 그때를 자신을 바꿀 시간으로 삼았다. 그리고 깔끔해진 외모와 깨끗하게 비운 마음으로 새로운 하루를 맞을 준비를 했다.

우리도 하루 중 가장 조용하게 보낼 수 있는 시간을 새로운 자신과 만날 기회로 삼으면 좋겠다. 그 변화를 위한 시간에 잠잠히 자신을 돌아보면 하루 중에 아쉬운 일, 부끄러운 일, 고쳤으면 하는 일이 떠오를 것이다. 그것을 되새기며 더 이상 같은 잘못과 실수를 저지르지 않겠다고 결심하는 것만으로 충분하다. 날마다 시도하는 변화는 크고 대단한 일이 아니다. 어제의 부족했던 자신을 단 하나라도 새롭게 하는 것, 그것이 진정한 변화다.

몸에 새기고 마음을 벼리듯 공부하라

매일 자신이 그려온 궤적을 지워가며
새로운 자국을 그려 나간다면,
남들이 결코 흉내 낼 수 없는
나만의 무늬가 삶에 새겨질 것이다.

숲 사이에 길이 나기 위해서는
무수한 발자국이 필요하다

삼년불규원

三年不窺園

삼 년간 정원을 나가지 않았다.

_《한서》漢書

《정관정요》貞觀政要에는 당 태종과 그가 총애하는 중서령 잠문본岑文本의 대화가 실려 있다. 태종이 잠문본에게 말했다.

"무릇 사람은 하늘로부터 좋은 품성을 타고 태어났다고 해도 반드시 넓게 학문을 닦아 도덕을 완성해야 하오. 이는 대합조개가 물을 머금고 태어나지만 보름달이 뜰 때를 기다렸다가 물을 뿜어내고, 나무가 불을 머금고 태어나지만 불에 의지해 연소하는 것과 같소. 사람역시 영성을 가지고 태어나지만 학문이 완성된 뒤에야 비로소 아름다움을 드러내게 되어 있소. 소진蘇秦이 허벅지를 찔러가며 열심히 공부한 것이 그렇소. 동중서董仲舒 역시 책을 읽을 때 휘장을 내리고 삼 년

동안 정원에 나가지 않았소. 도덕과 기예를 연마하지 않으면 공명을 세울 길이 없소." 이에 잠문본이 대답했다.

"사람의 천성은 본래 서로 비슷합니다. 하지만 후천적인 성정은 바뀔 수 있습니다. 반드시 학식으로 성정을 통제해야만 천성을 온전히 유지할 수 있습니다. 《예기》禮記 〈학기〉學記에서 말하기를 '옥은 다듬지 않으면 그릇이 될 수 없고, 사람이 학문을 닦지 않으면 인간의 도리를 알지 못한다'고 했습니다. 옛사람들이 부지런히 공부한 이유입니다. 이를 일컬어 아름다운 덕행인 의덕懿德이라고 합니다."

당 태종이 '뜻을 펼치기 위해서는 학문이 중요하다'라고 강조하자, 잠문본은 《예기》에 실려 있는 유명한 구절을 인용하며 맞장구를 치고 있다. 중국 역사에서 가장 위대한 군주로 꼽히는 황제와 뛰어난 신하 사이의 대화지만 마치 선비들 간의 담화처럼 품격이 있다. 여기서 당 태종이 예로 들었던 소진은 합종연횡책을 주장했던 전국시대 최고의 전략가다. 동중서는 한나라 시대 학자로서 한나라가 유교를 국교로 삼는 데 큰 역할을 했다.

'삼년불규원'은 동중서가 학문에 어떻게 매진했는지를 보여주는 고사다. 경지에 이르기 위해서는 오직 그 분야에 온전히 집중하는 오랜 시간이 필요하다는 것을 잘 말해준다. 동중서는 심지어 자기 집의 정원에도 나가지 않았다. 그를 따르는 제자들을 가르칠 때에도 방에 휘장을 치고 손님의 방문도 전부 사양함으로써 '하유독서'下帷讀書라는 고사를 남기기도 했다.

여기서 우리는 학문에서 일가를 이루는 방법을 얻게 된다. 동중서

몸에 새기고 마음을 벼리듯 공부하라

는 학문을 이뤘지만, 이는 꼭 학문이 아니라도 어떤 분야든 원하는 경지에 도달하고자 할 때 적용할 수 있는 소중한 지혜다.

먼저 한 분야를 이루기 위해서는 전심전력으로 집중하는 시간이 필요하다. 동중서는 삼 년을 투자했지만 꼭 삼 년일 필요는 없다. 사람에 따라 일 년 만에 이룰 수도 있고, 십 년을 투자해야 할 수도 있다. 이는 앞서 이야기한 '1만 시간의 법칙'과도 비슷한 통찰이다.

그다음은 내가 정한 목표에 지장이 되는 불필요한 것들을 모두 차단해야 한다. 동중서는 휘장을 내리고 방문 밖의 정원에도 나가지 않는 철저한 단절의 시간을 감내했다.

오늘날 우리에게는 그때보다 훨씬 더 많은 유혹이 있다. 심지어 방문 밖을 나가지 않더라도 세상과 교류할 수 있는 많은 문명의 기기들도 가지고 있다. 무언가를 이루기 원한다면 바로 이런 것들과 과감하게 이별할 수 있는 단호한 결단과 용기가 필요하다.

사람에 따라 스스로를 단절시키는 상황을 감내하기 힘들 수도 있다. 하지만 꿈을 이루고 싶다면 그리고 인생을 결정하는 시간을 마련하려면 단호하게 시도할 수 있어야 한다. 그 기간은 외로움에 허덕이는 경험이 아니라, 미래를 결정하는 가장 소중한 시간이 될 것이다.

눈에 보이지 않는 날개를 확신하며
애벌레는 고치에 들어가 오랫동안 인내한다.

공부는 잃어버린 마음을
찾아가는 여정이다

學問之道無他求其放心而已矣
학문지도무타구기방심이이의

학문의 길은 다른 데 있는 것이 아니라
잃어버린 마음을 찾는 데 있다.
_《맹자》

《맹자》〈고자장구 상〉에 실린 글로, 문장의 전문은 이렇다.

　"인은 사람의 마음이요, 의는 사람이 걸어가야 할 길이다. 그 길을 버리고 따라갈 생각도 않고, 그 마음을 놓아버리고 찾을 줄 모르니 슬프다! 사람들은 자신이 기르던 닭이나 개를 잃어버리면 찾으려 하면서도 잃어버린 마음은 찾을 줄 모른다. 학문의 길은 다른 데 있는 것이 아니라 잃어버린 마음을 찾는 데 있다."

　인仁(사랑)과 의義는 사람됨에서 가장 핵심이 되는 덕목이다. 맹자는 사람이라면 누구나 태어나면서부터 인과 의의 마음을 가지고 태어

몸에 새기고 마음을 벼리듯 공부하라

난다고 했다. 바로 불쌍한 것을 보면 측은히 여기는 측은지심, 악한 것을 싫어하고 선한 길로 가고자 하는 수오지심이다. 심지어 맹자는 '이 마음이 없으면 사람이라고 할 수 없다'고까지 말했다.

《맹자집주》孟子集註에 실려 있는 주자의 해설을 보면 이 문장에 대해 좀 더 쉽게 이해할 수 있다.

"인이란 마음의 덕이니(인자 심지덕仁者 心之德), 정자程子가 '마음은 곡식의 씨앗과 같으니 생명성이 곧 인이다'라고 한 것이 곧 이 뜻이다. 그러나 '인'이라고만 하면 그것이 자신에게 절실한 것인지 사람들은 알지 못한다. 그러므로 돌이켜 '인'을 '사람의 마음'이라고 설명함으로써 온갖 변화에 대응하는 이 몸의 주인으로서 우리가 잠시라도 잃어버려서는 안 되는 것임을 알게 했다. 의란 일을 행함에 마땅함이기에 그것을 '사람의 길'이라고 일컬었다. 그럼으로써 사람이 출입하고 왕래할 때 반드시 따라야 할 길로서 잠시라도 버려서는 안 된다는 것을 알게 했다."

인과 의는 원래 측은지심과 수오지심이 발현되어 나타나는 덕이다. 하지만 그저 '인'과 '의'라고만 이야기하면 듣는 사람들은 인과 의가 자신에게 절실한 것이며 반드시 따라야 할 덕목이라는 것을 실감하지 못할 수도 있다. 따라서 주자는 《맹자》의 가르침에 해설을 붙여 인의란 다른 사람의 일이 아닌 바로 나 자신의 일, 내 마음으로 지켜 나가야 할 일이라고 강조했다. 사람이라면 누구나 따라야 할 길이라는 것이다.

곡식에게 가장 중요한 것이 생명의 근원인 싹인 것처럼 사람에게

신독, 혼자 있는 시간의 힘

가장 중요한 것이 바로 마음의 생명성이라고 할 수 있는 인이다. 하지만 사람들은 자신을 사람답게 하는 것, 생명의 근원이 되는 마음을 잃고서도 찾을 줄 모르기 때문에 맹자는 안타까워했다.

사람들은 목숨보다 더 소중한 가치, 목숨마저 내놓을 수 있는 최고의 가치가 부와 권력이라고 여긴다. 맹자는 이러한 모습을 닭과 개로 상징했다. 사람들은 닭이나 개를 잃어버리면 그것을 찾으러 정신없이 동네를 헤맨다. 하지만 정작 가장 소중한 자신의 마음을 잃고서는 찾을 줄을 모른다. 심지어 그것을 잃어버렸는지조차 모르는 사람도 많다.

닭이나 개를 찾아 헤매는 것은 오늘날 관점에서 보면 성공주의, 물질주의를 뜻한다. 사람들은 재물을 얻기 위해, 성공하기 위해 자신의 모든 것을 걸지만 정작 인의의 소중함은 깨닫지 못한다. 심지어 인의와 도덕성이란 성공적인 인생을 사는 데 걸림돌일 뿐이라고 여기는 풍조마저 만연하고 있다. 특히 재물이나 권세를 얻으려는 탐욕은 있는 자와 가진 자에게서 더욱 심하게 나타난다.

사람들은 성공을 위해, 권력과 재산을 얻기 위해 공부를 한다. 그리고 그 공부로부터 얻은 능력을 발휘하며 성공을 좇는 하루하루를 살아간다. 하지만 맹자는 공부의 의미를 다르게 해석한다. 진정한 공부란 감정과 욕심 때문에 잃어버렸던 마음을 찾는 과정이다. 흔히 생각하듯이 성공을 위한 노력과 진정한 공부는 서로 배치되는 개념이 아니다. 성공은 도덕성과 함께할 때, 나만의 부귀와 번영이 아니라 나눌 줄 아는 성취가 되었을 때 가장 값지다.

성공에 정신이 팔려 잃어버렸던 마음을 찾는 방법은 어렵지 않다. 감정을 소모하고 욕심에 휩쓸려 분주했던 일상을 떠나 잠시나마 스스로를 고요하게 고립시키는 것이다.

❖

공부는 삶에서 길다운 길을 찾는 긴 방황이기에,
그저 세속이 제시한 길을 따라가는 것은 공부라고 할 수 없다.

가장 소중한 시간에는
가장 소중한 일을 하라

一年之計在於春 一日之計在於晨
일년지계재어춘 일일지계재어신

한 해의 계획은 봄에 세워야 하고 하루의 계획은 새벽에 세운다.

_소역蕭繹

다산 정약용은 오랜 귀양살이에서도 폐족이 된 아들의 미래를 걱정했다. 때로는 편지로, 때로는 직접 유배지로 불러서 아들을 훈육했다. 유배지에서의 어느 새해에 다산은 두 아들에게 이렇게 편지를 보내 당부했다.

"군자는 새해를 맞으면 반드시 그 마음과 행실을 새롭게 해야 한다. 나는 젊었을 때 새해를 맞으면 반드시 미리 일 년의 공부 목표를 정했다."(세신의 군자이신 필기심여행 역요일신 오소시매우신정 필예정일년공과歲新矣 君子履新 必其心與行 亦要一新 吾少時每遇新正 必預定一年工課)

다산은 두 아들이 자신의 가르침을 새겨듣지 않고 점차 나이만 들어가는 것을 안타까워하며 이러한 가르침을 전했다. 이전의 자신과 결별하고 새로운 마음으로 한 해를 시작하라는 것이다. 그다음으로는 명확한 목표를 정해야 한다고 이른다. 다산은 진정한 학자로서 그 목표를 공부에 뒀다.

양나라 원제인 소역이 말했던 예문도 역시 같은 가르침을 준다. 새롭게 시작하는 시간, 반드시 계획을 세우라는 것이다. 하루의 시작에서도, 한 해의 시작에서도 마찬가지다. 계획을 세운다는 것은 말 그대로 일의 진행과 절차를 준비한다는 의미도 있지만, 일을 시작하기 전에 마음의 자세부터 바로잡는다는 의미도 크다. 미리 계획을 세우고 자세를 가다듬은 사람은 일의 결과도 다른 법이다. 그 일을 해야 하는 당위성을 스스로에게 부여하고, 일을 통해 이루고자 하는 바를 명확하게 인식한다면 당연히 책임 있게 그 일을 해나갈 수 있다. 무엇보다 마음의 각오가 굳건해진다. 아무리 '작심삼일'밖에 못하는 사람이라도 새해 첫 결심은 상대적으로 오래가기 마련이다. '새롭게 시작한다'는 마음가짐이 나에게 힘과 의욕을 북돋아 주는 것이다.

또 한 가지는 계획을 치밀하게 수립하는 과정에서 일의 진행 과정과 결과를 예측할 수 있다는 것이다. 만약 급한 마음에 계획도 없이 일에 뛰어든다면 체계적으로 일을 진행하지 못할뿐더러, 그 결과도 장담하기 어렵다. 애초에 목표가 없었으니 그 결과에 대한 평가조차 할 수 없다. 또한 불쑥불쑥 튀어나오는 예상치 못한 문제들로 인해 일을 효율적으로 진행할 수 없게 된다. 사전에 치밀한 계획을 세웠다면 어

신독, 혼자 있는 시간의 힘

떤 문제라도 충분히 예측할 수 있고 대비책도 세워둘 수 있다. 하지만 사전 계획이 없다면 작은 문제에도 당황하고 당연히 제대로 대처하지 못한다. 《명심보감》明心寶鑑에 실려 있는 "계획이 치밀하지 않으면 재앙이 먼저 발생한다"(기불밀 화선발機不密 禍先發)는 말이 그것을 잘 말해준다.

그래서 하루를 시작하거나 마무리하면서 하루를 가늠해보는 단절의 시간을 가지는 것은 큰 축복이다. '잠'을 통해, 그리고 잠자기 전후의 시간을 통해 우리는 지난 것을 마무리하고 새로운 마음으로 하루를 시작할 수 있다. 만약 이 시간을 지난 일에 대한 후회나 앞으로 닥칠 일에 대한 걱정으로만 보낸다면 우리는 새로운 나를 만날 수 없다. 하루에서 가장 소중한 시간을 허비하는 것이다.

일본에서 공부의 달인으로 불리는 다카시마 데쓰지는 《잠자기 전 30분》에서 이 시간을 '기적을 만드는 시간'이라고 말한다. 잠자기 전의 잠깐을 단순한 휴식이 아니라 내일을 준비하는 시간으로 삼는다면 인생이 바뀌는 결과를 만들 수 있다는 것이다. 반드시 작가가 말하는 '공부'가 아니라도 그 시간에 무엇을 하든지 의미가 있다. 스스로를 돌아보는 '자기 성찰', 분주한 일상의 때를 벗는 '잠깐 멈춤', 창의적인 결과를 얻는 '생각'의 시간 모두 충실하게 하는 귀한 자산이 된다.

눈이 내리는 숲을 걸을 때는 '잠시'라는 공백이 필요하다.
집에서 나서기 전에는 잠시 창문 밖으로 날씨를 확인해야 하고,
집으로 들어가기 전에는 잠시 어깨에 앉은 눈을 털어내야 한다.

무엇인가를 비우기 위해서는
우선 채워야 한다

多聞闕疑 愼言其餘 則寡尤
多見闕殆 愼行其餘 則寡悔
다문궐의 신언기여 즉과우
다견궐태 신행기여 즉과회

많은 것을 들되 의심스러운 부분을 빼놓고 그 나머지를
조심스럽게 말하면 허물이 적다. 많은 것을 보되 위태로운 부분을
빼놓고 그 나머지를 조심스럽게 행하면 후회하는 일이 적다.

_《논어》

공자의 제자 중에 자장子張이 '출세하는 법'을 묻자 공자가 내놓은 가
르침이다. 자장은 매사에 적극적이고 의욕이 넘치는 성품이었다. 잘
알려진 '과유불급'過猶不及의 고사에서 과過, 즉 지나침에 해당하는 제
자다. 공자는 소극적인 제자 자하의 성품과 비교해서 '지나침은 모자
람과 같다'라고 가르친 것이다.

자장은 배움에도 적극적이었고 수양에서도 타협하지 않고 나아가

몸에 새기고 마음을 벼리듯 공부하라

려고 했다. 하지만 안타깝게도 적극적인 성품이 지나쳐 긍정적이지 못한 면이 많이 있었다. 특히 다른 사람을 배려하는 점이 부족했는데, 이는 예를 중시하는 유교에서는 큰 단점이 될 수밖에 없었다.

사장의 이러한 성품은 출세를 지향하는 모습에서 드러나기도 했다. 매사에 나서려고만 하는 자장에게 공자는 계속 '신중하라'는 가르침을 줬다. 앞서 소개한 고사에서도 자장은 빠른 출세를 원한다. 하지만 공자는 빠른 출세를 하고 싶다면 오히려 말과 행동에서 신중해야 한다고 가르친다. 동문서답인 것 같지만, 공자의 가르침에는 몇 가지 단계가 있다.

먼저 많은 지식을 얻고, 폭넓은 경험이 뒷받침되어야 한다. 바로 예문에서 말하는 다문多聞과 다견多見이다. 다문이란 지식을 습득하는 것이고 다견이란 많이 경험하는 것이다. 이를 통해 식견을 넓혀 가는 것이 더 높은 단계로 오르기 위한 바탕이 된다. '만 권의 책을 읽고 만 리의 길을 간다'(독만권서 행만리로讀萬卷書 行萬里路)가 배움과 경험을 위해 해야 할 노력을 이르는 말이다.

하지만 단순히 많은 경험과 지식을 얻는 것으로는 부족하다. 반드시 그것을 분별할 수 있는 능력이 필요하다. 만약 무분별하게 지식과 경험을 받아들이고, 확인하지도 않고 그것을 전한다면 위험에 빠질 수 있다. 특히 빠른 출세를 원하는 사람들이 이러한 함정에 빠지기 쉽다. 지식이 오히려 근심이 되는 식자우환識字憂患이 바로 이러한 위험을 경고하는 말이다.

이러한 자세는 특히 오늘날 절실하게 필요하다. 요즘은 지식과 정

신독, 혼자 있는 시간의 힘

보가 범람하는 시대다. 만 권의 책을 읽지 않아도, 만 리의 길을 가지 않아도 방안에 앉아서 다양한 정보를 얻을 수 있다. 다양한 매체를 통해 많은 사람이 스승을 자부하며 활동하고 있다. 그중에는 진정한 능력과 선한 마음을 갖추고 배움을 청하는 이들에게 도움을 주는 사람들도 있다. 하지만 순전히 자기 이익과 돈벌이를 위해 사람들을 현혹시키는 경우도 많다. 그들은 돈도 명예도 출세도, 모두 자기가 줄 수 있다고 주장한다. 이들을 무조건 따르면 큰 위험에 처할 수도 있다.

견문을 넓히되 반드시 위태로운 부분, 의심스러운 부분을 배제할 수 있어야 한다. 맹자는 "책을 무조건 믿으면 책이 없는 것만 못하다"(진신서즉 불여무서盡信書則 不如無書)라고 했다. 그 당시 최고의 권위서인 《서경》도 무조건 믿고 신봉하면 차라리 읽지 않음만 못하다는 통렬한 가르침이다.

먼저 배움을 충실히 하되 옳고 그름, 진실과 거짓은 반드시 가려야 한다. 출세에 특별한 비법은 없다. 무언가 남다른 방법이나 지름길이 있는 것이 아니라 바로 기본을 튼튼히 하는 것이다. 올바른 방법으로 공부와 능력을 쌓아 나갈 때 세상에 당당히 나설 자격이 주어진다.

❖

책은 술과 같아 잘못 숙성된 글을 맹신하면
지독하게 취해 나를 잃어버리게 되고 만다.

몸에 새기고 마음을 벼리듯 공부하라

과거를 배우는 이유는
미래가 새롭기를 바라기 때문이다

⋮

⊗

⋮

溫故而知新 可以爲師矣
온고이지신 가이위사의

옛것을 익히고 새것을 알면 스승이 될 만하다.
_《논어》

"배우려는 열의가 없으면 이끌어 주지 않고, 표현하려고 애쓰지 않으면 일깨워 주지 않으며, 한 모퉁이를 들어올렸을 때 나머지 세 모퉁이를 미루어 알지 못하면 거듭해서 가르쳐 주지 않는다." 〈술이〉에 실려 있는 이 구절에는 공자가 가르쳐 주는 올바른 배움의 자세가 담겨 있다. 먼저 앎에 대한 열정이 있어야 진정한 배움을 얻을 수 있다. 그리고 배웠다면 반드시 그것을 표현하고 실천할 수 있어야 한다. 지식이 머릿속에만 머물면 진정한 내 것이 될 수 없다. 알았다면 반드시 드러낼 수 있어야 한다.

마지막 문장은 배움에서 창의성의 의미를 강조한다. 하나를 배웠다면 반드시 그 지식에서 유추해 셋을 알아야 한다. 공자는 심지어 창의적으로 배우고자 하는 태도를 보이지 않는다면 더 이상 제자로 인정하지 않겠다고까지 말하고 있다. 창의성은 배우는 학생뿐 아니라 가르치는 사람에게도 반드시 필요하다.

"옛것을 익히고 새것을 알면 스승이 될 만하다." 이 말은 스승의 자격을 가리키지만, 다르게 보면 가르치는 사람의 이점을 말해주는 것이기도 하다. 가르침을 통해서도 새로운 것을 아는 유익을 얻을 수 있기 때문이다. 그리고 창의성을 얻는 이치도 이 문장에 담겨 있다. 새로운 것은 반드시 옛것을 익혀 통달할 때 얻을 수 있다. 우리는 흔히 창조란 무에서 유를 만드는 것이라고 알고 있다. 하지만 완전한 무에서 유를 만드는 것은 사람이 아닌 하늘의 영역이다. 《성경》에 실려 있는 "해 아래 새것이 없나니"가 말해주는 바다. 사람들은 "이미 있던 것이 후에 다시 있겠고, 이미 한 일을 후에 다시 할 뿐"인 것이다.

예문의 의미에 대해서는 조선시대 정조도 신하와의 경연經筵에서 설파한 바 있다.

정조가 말하기를 "온고이지신이란 무슨 말인가?" 하니, 신하 이유경李儒敬은 "옛글을 익혀 새 글을 아는 것을 말합니다"라고 대답했다. 정조가 다시 말했다. "그렇지 않다. 초학자初學者들이 이렇게 보는 경우가 많은데, 대개 옛글을 익히면 그 가운데에서 새로운 의미를 알게 되어 자기가 몰랐던 새로운 것을 더 잘 알게 된다는 것을 이른다."

몸에 새기고 마음을 벼리듯 공부하라

정조가 경연을 하면서 시독관 이재학, 선전관 이유경과 나눈 대화다. 경연은 임금이 학식이 높은 신하와 함께 경서를 강독하는 행사다. 이유경은 '온고이지신'의 의미를 글을 읽고 공부하는 것에 국한했지만 정조는 창의성의 관점에서 폭넓게 해석했다. 글을 통해 지식을 얻으면 생각을 통해 창의적인 발상을 할 수 있다는 것이다.

창의는 기존의 틀에 갇혀 있기만 해서는 얻을 수 없다. 똑같은 일을 반복하는 일상에서도 얻기 힘들다. 가지고 있던 지식에서 새로운 지식이 합쳐질 때, 기존의 생각에서 완전히 다른 생각이 합쳐질 때 새로운 생각이 떠오를 수 있다. 예를 들어 일상을 벗어나 훌쩍 떠난 여행이나, 짧게는 가까운 곳을 거니는 산책이 창의적인 생각을 할 수 있는 좋은 조건과 환경이 된다.

나아가 내가 알고 있는 지식과는 완전히 다른 영역의 지식이 합쳐질 때도 창의적인 발현이 가능하다. 바로 옛 지식, 고전이 필요한 이유다.

❖

수많은 작가에게 영감을 준 대문호들도
옛글을 따라 쓰는 것에서 창작을 시작했다.

좋아하는 것과 잘하는 것은
서로 다르지 않다

知之者 不如好之者 好之者 不如樂之者
지지자 불여호지자 호지자 불여락지자

아는 것은 좋아하는 것만 못하고 좋아하는 것은 즐기는 것만 못하다.
_《논어》

이 구절은 특히 공부에 적용하는 경우가 많다. '아는 것'은 지식의 습득을 의미한다. 공부를 통해 모르던 지식을 머리에 담으면 새로운 것을 알게 된다. 하지만 안다고 해서 그것이 완전히 자신의 것이 되는 것은 아니다. 행동에 적용하지 못하거나, 시간이 지남에 따라 잊혀 사라지기도 한다.

'좋아하는 것'은 공부가 좋아서 거듭하고 계속하는 것이다. 단순히 아는 것을 넘어서 실천할 수 있게 되고, 반복해 새기다 보면 많은 시간이 흘러도 쉽게 잊히지 않는다. '즐긴다는 것'은 좋아하는 것을 넘어 공부가 곧 자신이 추구하는 인생의 목적과 삶의 가치가 되는 것

몸에 새기고 마음을 벼리듯 공부하라

이다. 공부의 완성이라고 할 수 있다.

즐거움을 공부에 연결하는 통찰은 그동안 많은 사람들이 강조해왔다. 앤서니 라빈스Anthony Robbins는 《네 안에 잠든 거인을 깨워라》에서 "내 삶에서 가장 큰 질적 차이를 만들어낸 결단은 학습을 즐거움과 연결한 것이다"라고 말했다. 뇌과학자 모기 겐이치로 역시 "뇌가 기뻐하면 공부는 저절로 된다"라고 하면서 즐겁게 공부하는 것이 최상의 공부법이라고 이야기했다.

이러한 이치는 굳이 그 대상을 한정 지을 필요 없이 공부뿐 아니라 삶의 모든 영역에 적용된다. 공부든 일이든 취미든 모두 즐겁게 할 수 있다면 가장 좋은 결과를 얻을 수 있다. 만약 이렇게 즐겁게 지낼 수만 있다면 그 사람은 최선의 인생을 사는 것이다.

마크 트웨인은 《톰 소여의 모험》에서 이와 관련한 핵심적인 통찰을 개구쟁이 톰을 통해 재미있게 풀었다. 톰은 말썽을 부려서 이모로부터 긴 울타리에 페인트칠을 하라는 벌을 받는다. 하지만 톰은 페인트칠이 가장 즐겁고 행복한 일인 것처럼 벌을 받음으로써 이를 부럽게 여긴 친구들이 자기도 하게 해달라고 간청하게 만든다. 결국 톰은 친구들이 가진 소중한 것들을 덤으로 챙기고 지루한 페인트칠에서 벗어난다.

"일이란 반드시 해야 하는 것이다. 하지만 놀이란 하지 않아도 되는 것이다. 보상이 있게 되면 흥미진진하던 일도 틀에 박힌 일이 되고, 놀이가 일이 된다." 마크 트웨인은 이렇게 말했다. 그가 180여 년 전에 태어난 사람인 것을 생각하면 놀라운 통찰력이 아닐 수 없다.

이 책의 주제인 '혼자만의 시간'에도 이를 적용할 수 있다. 문득 아무도 없이 혼자 떨어져 있다는 느낌을 받을 때가 있다. 주위를 둘러보니 외로움은 커지고, 비라도 내리면 더욱 마음은 쓸쓸해진다. 외로움에 영혼이 상해 하루를 망치는 경우도 많다. 하지만 만약 이때를 오롯이 즐기는 시간으로 삼는다면 외로움은 하루를 완성하는 기회가 될 수도 있다.

혼자만의 시간을 받아들이는 감정은 사람에 따라 '외로움'도 될 수 있고, '고독'이 될 수도 있다. 외로움은 마음을 상하게 하지만 스스로 택한 고독은 즐기는 시간이 된다. 고독은 번잡한 하루를 보내며 살피지 못했던 자신의 마음을 살피고, 묻은 때를 씻고, 상처를 싸매는 시간이다.

❖

같은 길을 거듭 걷다 보면 길이 내 삶의 일부가 된다.
그렇게 정이 든 길을 걸을 땐 쉽게 지치지 않는다.

인간이 가진 가장 큰 힘은
산도 옮기는 끈기다

繩鋸木斷 水滴石穿
승거목단 수적석천

노끈으로 톱질해도 나무를 자를 수 있고,
떨어지는 물방울로도 돌에 구멍이 난다.
_《한서》

"아름드리나무도 털끝 같은 씨앗에서 나오고, 높은 누대도 한 무더기
흙을 쌓는 데에서 시작되고, 천리길도 한 걸음에서 시작된다."(합포지
목 생어호말 구층지대 기어루토 천리지행 시어족하 合抱之木 生於毫末 九層之臺
起於累土 千里之行 始於足下)

　《도덕경》 제64장에 실린 노자의 말이다. 추상적인 노자의 철학에
서 드물게 이해하기 쉽고 바로 공감할 수 있는 구절이다. 모든 크고
위대한 사물은 작고 미세한 데서부터 시작된다는 것인데 사람도 마찬
가지다. 시작이 작고 부족하더라도 노력을 끊임없이 쌓아나가면 위대

한 일을 이룰 수 있다. 하지만 많은 사람들이 막 일이 이뤄지려는 순간에 포기하고 만다. 이어서 실려 있는 글이다.

"사람들의 일이란 대개 거의 성공할 무렵에 실패하고 만다. 일이 끝날 때 시작할 때의 마음과 같을 수 있다면 실패하는 일은 없을 것이다."

어떤 일을 하든 목표를 눈앞에 둔 막바지에 이르면 지치기 마련이다. 성공과 실패를 가르는 가장 버거운 시간이기 때문이다. 이때 포기하지 않으면 일은 이뤄진다. 하지만 일을 시작할 때에도 반드시 염두에 두어야 할 사항이 있다. 그 길이 추구할 만한 일인지, 올바른 길인지 반드시 챙겨 봐야 한다. 이런 이치를 말해주는 고사도 있다. 《한서》〈목승전〉牧乘傳에 실려 있다.

장괴애張乖崖가 숭양현의 현령을 지낼 때 관아의 창고지기가 돈 한 푼을 훔치는 현장을 잡았다. 장괴애가 그를 장형杖刑에 처하자, 창고지기는 "이까짓 동전 한 닢으로 어찌 매질을 할 수 있다는 말이오?"라며 항변했다. 그러자 장괴애가 말했다. "비록 하루에 돈 한 푼이라 할지라도 천 일이면 천 푼이 된다. 이는 노끈으로 나무를 자를 수 있고, 낙숫물이 댓돌을 뚫을 수 있는 것과 같다."

우리 속담에는 '바늘 도둑이 소도둑이 된다'가 있다. '세 살 버릇이 여든 간다' 역시 비슷한 의미를 담은 속담이다. 작은 잘못을 저지를 때 바로잡지 않으면 조금씩 부도덕한 일에 익숙해지면서 양심이 무뎌져 더 큰 잘못을 저지르게 된다는 뜻이다.

통렬한 가르침을 주는 귀한 교훈이지만, 이를 긍정적으로 재해석

몸에 새기고 마음을 버리듯 공부하라

하면 더 소중한 가르침을 얻을 수 있다. 바로 쌓아 나감의 힘이다. 작은 잘못이 쌓이면 큰 잘못이 될 수 있지만, 작은 노력을 하루하루 꾸준히 쌓아 나가다 보면 놀라운 결과를 만들 수 있다.

《채근담》菜根譚에도 실려 있는 이 구절은 '승거목단 수적석천 학도자 수가역색'繩鋸木斷 水滴石穿 學道者 須加力索이라는 구절로 완성된다. '노끈으로 톱질해도 나무를 자를 수 있고 떨어지는 물방울로도 돌에 구멍을 낼 수 있으니 도를 구하는 자는 모름지기 힘써 구하라'는 뜻으로, 미약한 움직임도 거듭하면 큰일을 이룰 수 있으니 공부하는 자 또한 자신의 노력을 가벼이 여기지 말고 정진하라는 가르침이다. 비록 그날그날 노력의 결과는 크지 않겠지만, 그 노력이 오랜 시간 쌓이면 엄청난 결과를 만들 수도 있는 법이다.

영어 문화권에는 '슬라이트 에지'Slight edge라는 말이 있다. 위대한 성과를 이룬 사람과 평범한 사람 사이의 간극이 그 시작 단계에서는 '눈에 보이지도 않을 정도로 미세한 차이'에 불과하다는 말이다. 그 차이가 처음 시작할 때는 미미하지만 시간이 지나면서 쌓이고 쌓이면 나중에는 까마득하게 벌어지고 만다.

이 말대로라면 위대한 일을 이루는 과정은 생각보다 비범하지 않다. 처음 시작할 때부터 남들보다 조금만 더 노력하면 된다. 우리 평범한 사람들에게는 큰 힘이 되는 말이다. 작은 노력을 날마다 지속할 수 있다면, 평범한 사람들도 얼마든지 위대한 일을 이룰 수 있다는 믿음과 용기를 주기 때문이다.

하지만 반드시 염두에 두어야 할 것이 있다. 바로 '방향'이다. 어떤 방향으로 나아가든 쌓아 나감의 원리는 동일한 결과를 만든다. 나쁜 방향으로 쌓아 나가면 큰 악을 저지르는 결과에 도달하고, 좋은 방향을 잡고 쌓아 나가면 위대한 일을 이룩할 수 있다. 예민하고 섬세하게 나아갈 방향에 대해 고민해야 하는 이유다. "내가 나아가는 길은 올바른 방향인가?"

《회남자》에서도 "부드러움을 쌓아 나가면 견고해지고, 약함을 쌓아 나가면 강해진다"라고 실려 있다. 일의 위대함이란 지금 하고 있는 일이 얼마나 비범하고 거대한지에 달려 있는 것이 아니라, 그 일을 어떤 정신으로 얼마나 정성과 최선을 다해 임하느냐 하는 태도에 달려 있다.

그 정성의 시작은 바로 일상이다. 내가 하는 일이 무엇이든 내가 하는 일에 최선을 다할 때 위대한 결과를 만들 수 있다. 일상에 매몰되지 않고 오늘 할 사소한 일들을 진지하게 생각할 때, 내가 해야 할 일과 나아갈 방향이 보인다. 그리고 그러한 하루들이 쌓여 나의 미래가 된다.

❖

작은 사과 한 알에도
무수한 비바람과 햇살이 갈무리되어 있다.

몸에 새기고 마음을 벼리듯 공부하라

知止能得

지지능득

멈출 줄 알면 바라는 것을 얻는다

제5장

말의 참뜻은 말과
말 사이에 머문다

죽음을 가늠해본 사람만이
삶에 솔직해진다

未知生 焉知死
미지생 언지사

삶도 제대로 알지 못하는데 어찌 죽음을 알겠는가.

_《논어》

플라톤이 정리한 '대화편'의 여러 책에서 소크라테스는 윤회 사상을 기본으로 한 영혼불멸을 이야기한다. 《국가》의 마지막 부분에서도 전사했다가 다시 살아났던 에르라는 병사의 이야기를 통해 소크라테스는 자신의 영혼불멸설을 증명하고자 했다. 에르는 전사한 후에 고향으로 운구되었고, 열이틀째 되는 날 화장하기 위해 쌓은 장작더미 위에서 다시 살아났다.

그의 말에 따르면 사람이 죽게 되면 각각 자신이 행한 삶을 기록한 표찰을 단 채 올바른 삶을 살았던 사람들은 하늘로 올라가고, 불의한 일을 했던 사람들은 아래로 내려가게 된다. 그렇게 천 년 동안

긴 여행을 마친 다음 사람들은 심판을 받았던 곳으로 돌아오는데, 그 천 년 동안 선행이든 악행이든 지난 생에서 자신이 행했던 일들의 열 배로 보응을 받는다고 한다.

이들은 제비뽑기를 통해 다음 생에서의 삶을 선택한 나음 망각의 들판으로 나온다. 그리고 망각의 강에서 일정량의 물을 마심으로써 자신이 겪었던 지난 일을 모두 잊어버리고 다시 태어나게 된다. 에르 는 망각의 물을 먹는 것을 금지당해 죽은 후의 세상에 대해 사람들에 게 말해줄 수 있었다.

이러한 영혼불멸의 사상을 통해 소크라테스는 모든 철학자, 즉 '지혜를 사랑하는 사람'은 죽음을 두려워해서는 안 된다는 주장을 편다. 죽음은 참된 앎을 획득하는 데 방해가 되는 몸으로부터 순수한 사고와 추론을 할 수 있는 영혼이 해방되는 것이므로 '참된 존재에 대 한 앎을 추구하는 철학자들은 죽음을 열망한다'는 것이다. 그리고 그 역시 즐거운 마음으로 독배를 듦으로써 자신이 진정한 철학자라는 것 을 증명했다.

이처럼 죽음은 서양 철학자들에게는 가장 중요한 고찰의 대상이었 다. "인간은 생각하는 갈대다." 유명한 명제를 던진 파스칼도 인간은 자신의 유한성을 아는 존재이므로 위대하다고 주장했다. 그들은 죽음 을 생각하면서 삶을 성찰했고, 삶의 의미를 생각하면서 자신의 삶을 바루어 나갔다. 2011년 사망한 스티브 잡스가 스탠퍼드 대학교 졸업 축하연설에서 했던 "죽음은 삶이 만든 최고의 발명"이라는 말 역시 오늘날 천재로 불리는 이가 깨달은 인생의 통찰이었을 것이다.

그러나 동양 철학의 뿌리인 공자는 '죽음'에 대해 다르게 생각했다. 앞에서 소개한 예문에서 짐작할 수 있는데, 〈선진〉에 실려 있는 전문은 이렇다.

자로가 귀신을 섬기는 일에 대해 묻자, 공자가 말했다. "사람도 제대로 섬기지 못하는데, 어찌 귀신을 섬길 수 있겠느냐?" 다시 자로가 "감히 죽음에 대해 여쭙습니다"라고 물으니 공자가 대답했다. "삶도 알지 못하는데 어찌 죽음을 알겠는가?"

언뜻 보면 공자는 죽음 자체를 아예 언급도 하지 말라고 단언하는 것 같다. 하지만 공자는 죽음에 대해 언급을 완전히 금한 것이 아니라, 오히려 깊은 가르침을 준 것이다. "현실과 죽음은 완전히 단절되어 있는 것이 아니다. 따라서 죽음 이후를 알고 싶다면 먼저 현실을 공부하고, 생을 살아가는 데 최선을 다해야 한다."

우리는 죽음이 두렵다. 생각하기도, 언급하기도 두려워한다. 심지어 죽을 사死와 음이 같다는 이유에서 숫자 4도 꺼리는 촌극과 같은 미신도 쉽게 버리지 못하고 있다. 하지만 동서양의 많은 철학자들은 죽음을 생각하고, 자기 생의 결말을 알고, 스스로 성찰할 수 있기에 사람은 가장 위대한 존재라고 말하고 있다.

우리의 삶도 마찬가지다. 삶의 유한성을 알고 결국은 우리가 가장 소중히 여기는 것과도 결별해야 한다는 사실을 성찰하며 산다면 끝없는 욕심과 순간의 감정을 다스릴 수 있다. 그것이 진정한 존엄을 회복하는 길이다.

말의 참뜻은 말과 말 사이에 머문다

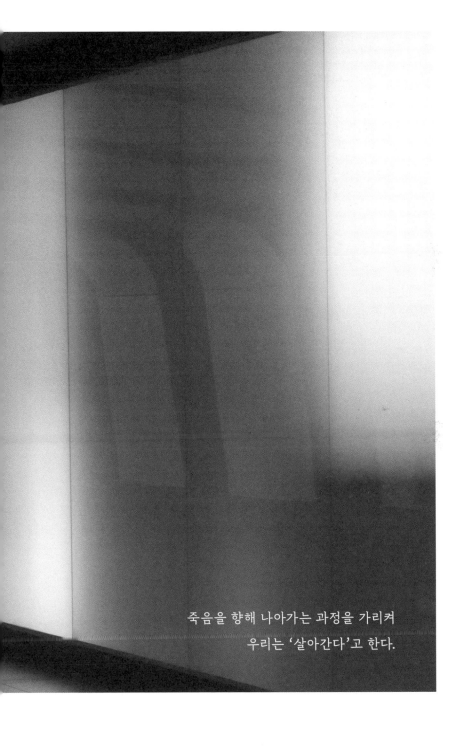

죽음을 향해 나아가는 과정을 가리켜
우리는 '살아간다'고 한다.

멈추기 위해서는 나아가는 것
이상의 힘이 필요하다

知止而后 有定 定而后 能靜 靜而后 能安 安而后 能慮 慮而后 能得
지지이후 유정 정이후 능정 정이후 능안 안이후 능려 려이후 능득

멈출 줄 안 다음에야 정해질 수 있고,
정해진 후에야 고요해질 수 있으며, 고요해진 후에야 편안해질 수 있고,
편안해진 후에야 생각할 수 있으며, 생각한 후에야 얻을 수 있다.

_《대학》

《대학》의 가르침에서 핵심은 삼강령이다. '밝은 덕, 백성을 새롭게 함,
지극한 선에 머묾'(명덕 신민 지어지선明德 新民 止於至善)인데, 예문은 그것
을 이루기 위한 기반이 되는 실천 강령이다.

그 첫 번째는 멈출 줄 아는 것이다. 바쁜 일상과 번잡한 관계 속에
서는 생각할 여유가 없고, 나아갈 길을 명확히 정할 수 없다. 어디로
가는지도 모르고 그냥, 대충 살아가는 것이 우리의 일상이다. 이때 필
요한 것이 '멈춤'이다. 바쁘게 나아가던 걸음을 잠깐 멈춘 다음 어떤

상황에서도 변하지 않고 흔들리지 않을 목표를 정하면 삶의 속도를 따라가는 데 급급했던 마음 또한 평안하게 가라앉을 수 있다. 평안한 가운데 잠잠히 생각하면 내가 얻고자 하는 것을 얻게 된다. 비로소 삼강령을 이룰 수 있는 자격이 갖춰지는 것이다.

우리는 무엇이든 원하는 것을 얻으려면 열심히 일하고 노력해야 한다고 생각한다. 그것이 성공이든 학문이든 명예든 마찬가지다. 남보다 더 열심히 해야 얻을 수 있고, 남보다 먼저 앞서가야 성공할 수 있다고 생각한다. 하지만 복잡한 세상에서 번잡한 삶을 살아가다 보면 사람들은 어느 순간 길을 잃는다. 어디로 갈지, 무엇을 원했는지조차 까마득히 잊고 자신을 잃은 채 헤매게 된다. 그때 잃어버린 자신을 되찾으려면 반드시 잠깐 멈춰야 한다. 지금 하고 있는 일에서 손을 놓아야 한다. 그리고 스스로를 돌아봐야 한다.

그렇게 마음을 평안하게 다스릴 때 자신의 솔직한 모습과 대면할 수 있다. 그리고 잊었던 이상을, 나아가야 할 길을 생각할 수 있다. 그것을 위해 어떤 일을 시작해야 하는지도 알 수 있다. 반드시 사람에게 생각이 필요한 이유다.

하지만 이때 염두에 두어야 할 것이 있다. 생각하면 무엇이든 얻을 수 있지만, 그 생각은 올바른 것이어야 한다. 생각을 통해 선하고 착한 것도 얻을 수 있지만 악하고 나쁜 것 역시 얻을 수 있다. 무엇을 선택할지는 모두 자신에게 달렸다. 바르고 선한 길을 가자 깊은 생각을 거듭할 때 삶의 밀도가 높아지고, 그 의미가 커진다. 이익 앞에서 의로움을 선택할 때 탐욕에 빠져 불법과 불의를 저지르지 않을 수 있

말의 참뜻은 말과 말 사이에 머문다

다. 그리고 잘못된 길에서 돌이켜 다시 선한 본성을 회복하는 것 역시 생각에서 비롯된다. 반드시 선한 본성을 회복한 후에야 좋은 미래를 꿈꿀 수 있다.

《논어》에 실려 있는 '본립도생'本立道生, "근본이 바로 서면 길이 열린다"가 바로 이러한 이치를 말해준다. 예문의 바로 다음에 나오는 "만물에는 근본과 말단이 있고, 일에는 시작과 끝이 있으므로, 사물의 전후를 알면 도에 가까워진다"도 역시 같은 의미다. 가장 먼저 근본을 찾고, 그다음에 해야 할 일을 알아야 한다. 그때 얻고자 하는 도를 얻을 수 있고, 이루고자 하는 꿈을 이룰 수 있다.

집착하고 매달리고 숨 가쁘게 달린다고 해서 자신이 원하는 것을 얻을 수는 없다. 자칫하면 길을 잃고 만다. 무엇을 얻고자 한다면 반드시 잠시 멈추고 생각할 수 있어야 한다.

쉰다는 것은 길을 재촉하고자
잠시 멈춰 힘을 모으는 상태가 아니다.
자기만의 고유한 속도를 찾아
스스로 평안에 이르는 것이다.

신독, 혼자 있는 시간의 힘

아이처럼 몰입할 수 있다면
어른이 될 수 있다

發憤忘食 樂以忘憂
발분망식 낙이망우

의욕이 생기면 먹는 것도 잊고, 도를 즐기느라 근심도 잊는다.

_《논어》

초나라의 대부 섭공葉公이 공자의 제자 자로에게 공자에 대해 물었다. 하지만 자로는 아무 대답도 하지 못했다. 그 말을 들은 공자는 "왜 나에 대해 이렇게 말하지 않았느냐?'라고 하며 자신을 소개했는데, 예문은 그 핵심이다.

"그의 사람됨은 무언가에 의욕이 생기면 먹는 것도 잊고, 도를 즐기느라 근심도 잊어, 늙음이 다가오는 것도 알지 못한다."

공자가 자신을 표현했던 핵심은 배움을 좋아하고, 도를 즐긴다는 것이다. 자신이 좋아하는 학문과 도를 행하는 데 있어서는 먹는 것도, 나이가 드는 것도 잊을 정도니 단순히 좋아하는 차원을 넘어섰다는 것을 알 수 있다. 배움과 도가 곧 공자 자신의 삶이었던 것이다. 이러한 삶의 자세를 통해 공자는 학문과 수양에서 최고의 경지에 이를 수 있었다. 여기서 우리는 일을 이루는 하나의 방법을 얻을 수 있다. 바로 몰입이다.

심리학자 미하이 칙센트미하이는 몰입에 대해 "우리가 느끼는 시간의 흐름은 시계 바늘이 가지는 객관적인 시간과는 무관하다. 몰입의 경지에 빠져 있을 때는 긴 시간도 아주 짧게 느껴지지만 불안하거나 따분할 때의 시간 감각은 상대적으로 길게 느껴진다"라고 설명한다. 몰입은 흐르는 시간을 잊고 지금 하고 있는 일에 온전히 매몰한 상태다. 시간時間은 한자로 때 시時와 사이 간間으로 구성된 글자다. 몰입은 때와 나 사이에 틈을 두지 않고 온전히 시간 속으로 들어갈 때 이뤄진다.

개념으로 정립되지는 않았지만 우리 선조들 또한 이미 오래전부터 몰입에 대해 이야기했다. 이를테면 '신선놀음에 도끼자루 썩는 줄 모른다'는 속담은 몰입이 무엇인지를 잘 말해준다. 속담의 내용은 한 나무꾼이 깊은 산속에서 신선들이 두는 바둑을 구경하느라 곁에 두었던 도끼의 자루가 썩을 정도로 시간이 지났는데도 알아채지 못했다는 것이다.

여기서 우리는 몰입의 핵심에 대해 쉽게 이해할 수 있다. 바로 재미다. 어린 시절 친구들과 어울려 노느라 밥 먹는 것도 잊고, 장난감을 조립하거나 게임에 빠져 밤이 새는 것조차 몰랐던 상태가 바로 '몰입'의 경지다. 어린 시절 온 마음을 다해 한 가지 일에 집중하던 경험,

신독, 혼자 있는 시간의 힘

즉 몰입을 되살릴 수만 있다면 어떤 일이든 이룰 수 있을 것이다.

역사적으로 위대한 일을 이룬 사람들의 공통점 또한 몰입을 했다는 것이다. 한국사에서도 '불광불급'不狂不及 즉 '미쳐야 미친다'라는 몰입의 개념을 잘 알고 실천했던 사람들이 있었다. 허균, 박지원, 이덕무, 박제가, 정약용, 김득신 등 역사에 한 획을 그었던 조선시대 지식인들은 모두 미쳤다는 이야기를 들을 정도로 학문에 몰입해서 일가를 이루었다. 그들은 '세상에 미치지 않고 이룰 수 있는 큰일은 없다'라는 마음가짐을 통해 한 시대를 대표하는 지적 성취를 이뤘다.

《맹자》에는 '전심치지'專心致志라는 구절이 나온다. 온 마음을 다하면 뜻을 이룬다는 가르침이다. 이처럼 온 마음을 다해 온전히 시간 속으로 들어가기 위해서는 주변의 소음과 소란에 방해받지 않는 시간과 공간을 마련해야 한다. 그러한 준비를 갖추고 나서야 우리는 마음을 다할 수 있고, 나아가 뜻을 이룰 수 있다.

'자기만의 동굴'이란
바깥의 소리를 차단하는 데 그치지 않고
내 안의 소음으로부터도 벗어날 수 있는 곳을 일컫는다.

말의 참뜻은 말과 말 사이에 머문다

기회는 자신의 가능성을
깨달은 사람에게만 다가온다

事之難易 不在小大 務在知時
사지난이 부재소대 무재지시

일의 쉽고 어려움은 일의 크기에 달린 것이 아니라
때를 아는 데 달려 있다.

_《여씨춘추》呂氏春秋

강태공이 위수에서 오랫동안 낚시를 했던 것은 그저 세월을 보내기 위해서가 아니라 가만하게 때를 기다리기 위함이었다. 그에게는 혼란 스러운 천하를 평안하게 바꾸고자 하는 큰 꿈이 있으나 기회를 잡을 수 없었다. 강태공이 바늘이 없는 낚시를 강가에 드리운 이유는 고기를 낚고자 함이 아니라 뜻을 함께할 사람을 만나고자 했기 때문이다. 결국 그는 현인을 찾기 위해 위수를 찾은 주 문왕文王을 만나 발탁된다. 우리는 이러한 강태공의 삶에서 때를 기다리는 것과 관련해 몇 가지 지혜를 얻는다.

신독, 혼자 있는 시간의 힘

먼저 적절한 시기는 막연한 기다림이나 우연한 행운에 의해서가 아니라 탁월한 실력이 뒷받침되었을 때 마주할 수 있다는 것이다. 강태공은 젊었을 때부터 학문에 정진하며 남다른 실력을 갖추고 있었다. 그러한 실력이 있었기에 역량을 발휘할 기회를 잡았을 때 놓치지 않고 위대한 일을 이룰 수 있었다.

또 한 가지는 때를 기다리는 방법이다. 기회를 마주하기 위해서는 번잡한 현실에 휘둘리지 말아야 한다. 현실은 누구에게나 벅차고 힘들기 마련이다. 강태공 역시 살림을 돌보지 못해 함께했던 아내가 떠나는 수모를 겪었다. 현실에 사로잡혀 하루하루를 보내다 보면 소중한 기회는 자신을 지나쳐 버리기 마련이다.

마지막으로 세월을 보내는 데에도 방법이 있다. 강태공은 그 무엇으로부터도 방해받지 않기 위해 바늘이 없는 낚시를 던졌다. 그리고선 오직 강물만 바라보며 마음을 다스렸다. 그 마음이 어떠했을지에 대해서는 이덕무가 〈선귤당농소〉蟬橘堂濃笑에서 이렇게 읊었다.

"낚시꾼이 긴 낚싯대를 잔잔한 수면 위에 던져 놓고, 말도 하지 않고 웃지도 않으면서 간들대는 낚싯대에 마음을 두고 있노라면 빠른 우레가 산을 쪼개어도 들리지 않고, 아름다운 여인이 바람에 맴돌 듯 춤을 추어도 보이지 않는다. 이는 달마대사가 면벽하고 있을 때와 같다."

때를 기다리는 것은 곧 몰입을 하는 것이다. 기다림을 방해하는

말의 참뜻은 말과 말 사이에 머문다

주위의 모든 것으로부터 자유롭기 위해서는 마음을 오직 한 가지에 쏟을 수 있어야 하기 때문이다.

강태공이 몰입을 통해 때를 기다렸다면《장자》에 나오는 고사는 일을 이루는 몰입을 가르쳐 준다. 공자가 초나라를 향해 길을 가다가 매미를 잡고 있는 노인과 맞닥뜨렸다. 마치 길에 떨어진 물건을 줍듯이 매미를 거둬들이는 노인을 보고 공자가 감탄해 물었다.

"당신 재주가 참으로 놀랍구려! 거기에도 혹시 무슨 도 같은 게 있소?"

이에 매미를 잡던 노인이 대답했다 "물론 있습니다. 매미를 잡을 때 제 몸은 잘린 나뭇등걸처럼 움직이지 않고 팔은 마른 나뭇가지를 든 것처럼 가볍습니다. 천지의 광대함도 만물의 다양함도 아랑곳하지 않고 오직 매미의 날갯짓에만 집중합니다. 제 머리와 몸은 조금도 움직이지 않으며 매미의 날개 이외에는 마음을 팔지 않습니다. 그러니 어찌 실패하겠습니까?"

그 말을 듣고 공자가 제자들을 돌아보며 말했다

"마음을 하나에 집중한다면 그 기술이 신의 경지에 이를 수 있는데 이 노인은 이미 그 경지에 이르렀다."

여기서 몰입이 일에서 놀라운 경지에 도달하는 힘이 된다는 것을 알 수 있다. 때를 기다리는 데에도, 일을 이루는 데에도 몰입은 가장 핵심적인 요소가 된다. 진정한 몰입은 우리를 둘러싼 번잡함과 현실의 어려움으로부터 벗어날 때 경험할 수 있다. 그 환경과 시간을 마련하는 것은 모두 나의 몫이다.

신독, 혼자 있는 시간의 힘

내게 적절한 때를 기다리기 위해서는
먼저 내가 머물 자리를 알고 있어야 한다.

하루는 마침표가 아니라
쉼표로 이어진다

凡事豫則立 不豫則廢
범사예즉립 불예즉폐

모든 일은 미리 준비하면 성공하고 준비하지 않으면 실패한다.
_《중용》

어떤 일이든 미리 준비하면 성공할 확률이 높아진다. 나라를 다스리는 큰일은 물론이고 일상의 작은 일에서도 마찬가지다. 《중용》에서는 예문에 이어 이렇게 말해준다.

"할 말이 미리 정해져 있으면 걸림이 없고, 할 일이 미리 정해져 있으면 곤란한 일이 없으며, 행동이 미리 정해져 있으면 흠이 없고, 방법이 미리 정해져 있으면 궁하지 않게 된다."

이러한 원칙에 이어서 그 구체적인 방법에 대해서도 다음과 같이 말해준다.

"아래에 있는 자가 위에 있는 사람의 신임을 얻지 못하면 백성을

신독, 혼자 있는 시간의 힘

다스릴 수 없다. 윗사람으로부터 신임을 받는 데에는 방법이 있다. 친구로부터 신임을 받지 못하면 윗사람으로부터 신임을 얻을 수 없다. 친구로부터 신임을 얻는 데에는 방법이 있다. 어버이께 정성스럽지 않으면 친구로부터 신임을 얻을 수 없다. 어버이를 따르는 데에는 방법이 있다. 자신을 돌이켜 정성스럽지 않으면 부모님께 효성스러울 수 없다. 자신을 정성스럽게 하는 데에는 방법이 있다. 선에 밝지 못하면 자신을 정성스럽게 할 수 없다."

결국 모든 일을 이루는 것은 정성이다. 그리고 반드시 선함에 기반을 두어야 한다. 마음이 선하지 않으면 정성을 얻을 수 없기 때문이다. 그리고 정성이 제대로 통하기 위해서는 알맞은 때가 필요하다.

"지혜를 지녔어도 형세를 타는 것만 못하고, 농기구를 가졌어도
농사철을 기다리는 것만 못하다."

제나라에서 전해오는 말을 빌려 맹자가 제자 공손추에게 한 말이다. 나라를 다스리는 일이나 기업을 운영하는 일에서도 좋은 기회를 놓치지 않는 것만큼 중요한 일은 없다. 사람도 마찬가지다. 아무리 탁월한 능력이 있어도 좋은 기회를 잡지 못하면 능력을 발휘할 수 없다. 서양 속담에 '준비가 기회를 만나면 행운이 된다'는 말이 있다. 그만큼 타이밍이 중요하다는 말이다. 아무리 열심히 준비한다고 해도 제대로 된 기회를 잡지 못하면 헛수고가 될 수도 있다. 하지만 아무리 좋은 기회가 온다고 해도 준비가 없으면 잡을 수 없다. 미리 지식과

말의 참뜻은 말과 말 사이에 머문다

지혜를 갖춰야 하고, 농사를 지으려면 최소한 농기구를 준비하고 있어야 한다.

공자는 제자 자로를 가르치면서 역시 '치밀한 준비'를 강조했다.

자로가 자신의 용기를 뽐내며 "선생님께서 삼군을 통솔하신다면 누구와 함께하시겠습니까?" 하고 묻자, 공자가 말했다. "맨손으로 범을 잡고 맨몸으로 황하를 건너려다 죽어도 후회가 없다는 사람과는, 나는 함께하지 않겠다. 반드시 일을 대함에 신중하고, 계획을 잘 세워 일을 이루는 사람과 함께하겠다."

이루고 싶은 꿈이 있다면 반드시 치밀하게 미래를 준비해야 한다. 인생의 계획은 어느 특별한 한순간에 의해서가 아니라 날마다 더디게 이뤄가는 것이다. 그 기반이 되는 것이 바로 하루하루의 계획이다. 하루는 마침표가 아니다. 또 다른 하루를 위한 쉼표다. 내일을 향해, 미래를 향해 다가가는 준비다.

누구에게나 인생에 새겨지는 결정적인 하루가 있다.
사람은 그 특별한 날을 기대하며 여상한 나날들을 살아낸다.
인생이란 그러한 평범한 날들이 쌓여가는 비범한 과정이다.

신독, 혼자 있는 시간의 힘

스스로 변화하지 않으면
세상의 변화에 휘둘리게 된다

朝聞道 夕死可矣

조문도 석사가의

아침에 도를 듣는다면 저녁에 죽어도 좋다.

_《논어》

공자의 참된 구도에 대한 열망을 드러낸 유명한 말이다. 구절 그대로 해석하면 '아침에 도를 들어서 그 이치를 터득하게 되면 저녁에 죽어도 한이 없다'는 것으로, 공자의 인생관이 함축적으로 담겨 있다. 이 말은 또한 공부와 수양의 진정한 뜻을 포함하고 있다. 공부와 수양을 통해 완전히 변화되어야 비로소 참된 구도의 자세라고 할 수 있다는 것이다. 이렇게 변화되는 상태를 공자는 옛사람이 죽고 새로운 사람이 태어난 것으로 보았다.

헤라클레이토스는 소크라테스 이전의 그리스 철학자다. 우리에게 익숙한 이름은 아니지만 그가 남긴 말 중에 우리에게 깊은 공감을 주

말의 참뜻은 말과 말 사이에 머문다

면서 널리 알려진 잠언이 하나 있다. "변하지 않는 것은 오직 변한다는 사실뿐이다." 헤라클레이토스는 불을 근본 삼아 세상의 바다와 땅이 끊임없이 순환하면서 변화한다고 주장했다.

헤라클레이토스의 주장은 '변화의 책'The Classic of Changes으로 불리는 중국 철학서 《주역》과 맥을 같이 한다. 《주역》에서는 "변하지만 변하지 않는다. 그 변하지 않음이 바로 참다운 변화다"(역이불역 불역이대역易而不易 不易而大易)라는 말로 변화의 핵심을 집약했다. 쉽게 이해하기가 어려운 철학적 의미를 담고 있지만, 헤라클레이토스가 말했던 강과 인생의 비유로 생각해보면 그 뜻을 어느 정도 새겨볼 수 있다.

"우리는 같은 강에 발을 담그지만 흐르는 물은 늘 다르다."

우리가 보기에 강은 그대로 있지만, 강물은 끊임없이 흐르고 있다. 조금 전에 발을 담갔던 강물은 이미 흘러가 버려 지금 발을 담그고 있는 강물과 같지 않다. 이 비유는 겉으로 보기에는 변화하지 않지만 실제로는 끊임없이 변화하는 자연의 이치를 잘 말해주고 있다.

이러한 변화는 우리 인생에도 마찬가지로 적용된다. 우리는 변화하는 세상을 살고 있고, 그것을 느끼든 느끼지 않든 그리고 스스로 변화하든 그렇지 않든 우리 역시 끊임없이 변화하며 살고 있다. 만약 우리가 스스로 변화해 나간다면 변화를 주도하게 되고, 스스로 변화하지 않는다면 세상의 변화에 휩쓸려 갈 수밖에 없다. 결국 내가 전혀 의도치 않은 삶을 살게 된다. 어차피 변화할 수밖에 없다면 스스로

번하는 것이 좋지 않겠는가.

《변신》의 작가 카프카는 자신과 유일하게 진실한 대화를 나눴다고 전해지는 절친 오스카 폴락Oskar Pollak에게 보낸 편지에서 이렇게 말했다.

"우리는 우리를 물어뜯고 쑤셔대는 책들을 읽어야 해. 만일 우리가 읽는 책이 주먹질로 우리의 머리를 후려쳐 깨우지 않는다면, 그렇다면 굳이 왜 책을 읽어야 할까? … 책이란 우리 내면에 도사린 얼어붙은 바다를 깨는 도끼여야만 해."

여기서 우리는 자신도 알지 못하는 다른 힘에 의해 변화될 수밖에 없는 현대인의 처지를 그렸던 카프카의 《변신》을 떠올리게 된다. 그리고 분명한 정체성을 가지고 스스로 변화하지도 못하고, 강요받은 변화마저 적극적으로 대응하지 못한 채 파멸하고 마는 인간의 나약함을 보게 된다. 스스로 변화하지 않으면 결국 누군가의 뜻대로 변해야 하는 순종적인 삶을 살아야 할지도 모른다.

변화란 자신의 외면만이 아니라 자신마저 모르는 깊은 내면까지 깨뜨리는 것이다. 따라서 내 안에 있는 부끄러운 면까지도 직시해서 성찰하는 단계에 이르러야 진정한 변화를 이룰 수 있다. '새 술은 새 부대에 담아야 한다'는 말이 있다. 껍데기는 물론 속 안에 있는 것까지 모두 속속들이 바꿀 수 있어야 진정한 변화라고 할 수 있다.

말의 참뜻은 말과 말 사이에 머문다

변화는 낡은 기억을 새로운 경험으로
바꾸는 정도가 아니라
지금까지 함께한 나의 세계를
완전히 낯설게 재구성하는 것이다.

어른에게는 선뜻 답하기
힘든 인생의 질문이 있다

讀書貴能疑 疑乃可以啓信
독서귀능의 의내가이계신

공부에서 가장 귀한 덕목은 의문을 갖는 것이다.
의문을 가지면 해답이 열린다.

_《격언연벽》格言聯璧

서양 철학의 시조라고 할 수 있는 소크라테스는 "성찰하지 않는 삶은 살 가치가 없다"라고 했다. 여기서 소크라테스가 말했던 성찰은 "나 자신은 아무것도 아는 것이 없다. 단지 아는 것은 내가 모른다는 사실이다"라는 '무지無知의 지知'를 핵심으로 한다. 이처럼 자신의 무지에 대한 깨달음은 곧 진리를 찾는 첫걸음이다. 그 바탕이 되는 것이 생각이다. 그 수단은 질문과 대화다. 생각을 통해 세상의 진리를 알고, 질문을 통해 자신은 물론 다른 사람들의 무지를 깨닫게 함으로써 진리를 찾는 여정을 시작했던 것이다.

말의 참뜻은 말과 말 사이에 머문다

공자 역시 배움에는 반드시 생각이 함께해야 한다고 말했다. 〈위정〉爲政에는 이런 말이 실려 있다.

"배우기만 하고 생각하지 않으면 얻는 것이 없고, 생각만 하고 배움이 없다면 위태롭다."

단순히 지식만 쌓는 것을 공자는 진정한 공부라고 생각하지 않았다. 생각을 통해 배움을 자신에게 적용하지 않으면 그 지식은 곧 휘발되고 말기에 아무것도 머릿속에 남지 않는다. 만약 바탕이 되는 지식 없이 생각에만 몰두한다면 그 생각은 공상에 지나지 않는다. 현실성이 없기에 그것을 삶에 적용하면 반드시 위험이 따른다.

이러한 분명한 인식이 있었기에 공자는 공부뿐 아니라 살아가는 내내 반드시 생각이라는 과정을 거쳐야 한다고 했다. 앞서도 말했던 '군자유구사'다. 삶의 모든 순간마다 생각이라는 과정을 거치라는 말은 행동하기 전에 반드시 '잠깐 멈춤'의 시간을 가지라는 뜻이다. 그중에 '의심이 날 때는 묻는 것을 생각하라'가 질문의 중요성을 말해준다.

《논어》를 보면 공자의 가르침은 거의 모두 제자들과의 대화를 통해 전해진다는 것을 알 수 있다. 질문을 통해 제자들의 수준과 성향을 파악한 다음 가장 합당한 가르침을 내린 것이다. 공자 자신도 삶의 모든 순간마다 이러한 자세를 유지했다. 〈향당〉鄕黨에 실려 있는 공자의 고사가 이를 잘 말해준다.

신독, 혼자 있는 시간의 힘

공자가 태묘에 들어가 매사를 묻자 어떤 사람이 말했다. "누가 추땅의 사람이 예를 안다고 했는가? 태묘에 들어가 모든 일을 하나하나 묻더라." 공자가 이 말을 듣고 말했다. "그것이 바로 예다."

예법에 관한 한 최고의 전문가라고 할 수 있는 공자가 노나라의 사당인 태묘에서 일일이 예를 묻고 행동했다. 그러자 말 많은 호사가들의 입방아에 올랐다. "누가 공자를 예의 전문가라고 했는가? 태묘에서는 한낱 사당지기에게 예법을 묻더라." 그 말을 듣고 공자는 한마디로 그 상황을 정리했다. "그것이 바로 예다!" 태묘에서는 태묘의 담당자를 존중해야 하고, 따라서 모든 행동을 태묘지기에게 묻고 행동하는 것이 바로 진정한 예법이라는 말이다. 공자는 몰라서가 아니라 그것이 진정한 예법이기에 그에 따라 행동한 것이다.

현대는 '노와이'Know-why의 시대라고 한다. 의문을 통해서 본질을 찾을 수 있는 사람이 성공하는 시절이다. 그 근원을 찾아가면 소크라테스의 대화법까지 거슬러 올라가는데, 스티브 잡스, 피터 드러커, 이건희 전 삼성 회장까지 모두 이 대화법을 통해 큰 업적을 이룰 수 있었다.

우리가 위대한 인물에 미치지 못할지언정, 그들이 견지한 삶의 방식은 따를 수 있다. 가장 좋은 방법은 바로 스스로에게 질문을 던지는 것이다.

"나는 지난 하루 어떤 삶을 살았는가? 다가올 하루는 어떻게 살아야 할 것인가?"

말의 참뜻은 말과 말 사이에 머문다

인간의 진짜 생일은 태어난 날이 아니라,
내가 왜 살아야 하는지를 처음 고민한 날이다.

너무 긴 고민은 아무 생각 없는
결정과 같다

臨事而屢斷勇也
임사이루단용야

큰일에 임해서 결단하는 것이 용기다.
_《예기》

병법서 《오자》吳子에서는 "전쟁에서 망설이는 것이 가장 큰 잘못이다"라는 말이 실려 있다. 저자 오기吳起는 최고의 군사 전략가이자 명장으로 76차례의 전쟁에서 64회의 압도적인 승리를 거둔 것으로 유명하다.

그는 지휘관이 내리는 과감한 결단이 전쟁에서 승리하는 데 최우선적인 필수 조건이라고 말한다. 우리는 이순신 장군이 명량대첩을 앞두고 휘하 장수들에게 내린 "필사즉생 필생즉사"必死則生 必生則死라는 말을 잘 알고 있다. 오기 역시 아무리 위급한 상황이라도 "죽겠다는 각오를 하면 살 것이고, 요행히 살아보겠다고 생각하면 죽는다"라는

말의 참뜻은 말과 말 사이에 머문다

말을 했다.

전장에 임한 군인들이 맞닥뜨리는 가장 큰 문제는 어떻게 하면 살아남을 수 있을지에 대해서만 고민하며 절체절명의 순간에 판단을 미루고 머뭇거리는 것이다. 만약 지휘관이 그렇게 망설인다면 자기 자신만 위태로워지는 데 그치지 않고 지휘하는 군대까지 위험에 빠뜨린다.

여기서 이야기하는 결단이란 위험을 무릅쓰고 돌격을 시도하는 과감한 선택이 아니다. 모든 상황이 불리한데도 '무조건 전진!'을 외치는 것은 패망의 지름길이다. 전쟁의 신이라고 불리는 오기에게도 예순네 번의 승리와 함께 열두 번의 무승부가 있었다. 오기 역시 물러설 때는 물러섰다. 그랬기에 전국시대 최고의 장수가 될 기회를 얻을 수 있었다. 불리할 때는 주저 없이 물러서고, 유리한 때를 기다리며 힘을 기를 줄 알아야 그다음 승리를 기약할 수 있다. 최고의 병법으로 꼽히는 삼십육계의 마지막은 '주위상'_{走爲上}이다. 위기에 봉착했을 때에는 물러나는 것이 가장 좋은 계책이라는 뜻이다. 용기 있는 결단과 무모함을 혼동하지 말아야 한다.

전쟁뿐 아니라 나라를 다스릴 때에도, 기업을 운영할 때에도, 인생을 살아가는 데에도 마찬가지다. 급격한 변화와 속도의 시대인 오늘날 결단은 피할 수 없는 숙명과도 같다. 특히 크든 작든 한 조직을 이끄는 리더는 판단을 내릴 때 주저하지 말아야 한다. 위기를 만났을 때나 중요한 결정을 내리는 순간이 되면 과감한 결단으로 부하를 이끌어야 한다. 선장이 폭풍우 속에서 배를 이끌 듯, 평소에는 겸손하고 잔잔한 모습을 보이더라도 위기에 임해서는 부하들을 하나로 모으는 위세를 발휘할 수 있어야 한다.

어리석은 리더는 반대로 행동한다. 작은 일은 꼼꼼하게 챙기고 사사건건 간섭하면서, 결단의 순간에는 우유부단한 모습을 보인다. 이런 리더가 이끄는 조직은 리더가 없는 것과 다를 바 없다. 《여씨춘추》에 실려 있는 비유가 핵심을 찌른다.

"노루는 재빠르기가 말도 잡지 못할 정도인데, 결국 잡히는 까닭은 뒤돌아보기 때문이다."

말보다 더 빠른 노루가 따라잡히는 이유는 두려움 때문이다. 혹시 잡히지 않을까 염려하는 마음에 뒤를 돌아보다가 자기 능력을 제대로 발휘하지 못하는 것이다. 이런 마음의 약점은 위기뿐 아니라 그 어떤 일에서도 족쇄로 작용한다.

하지만 말이 쉽지, 누구라도 위기 앞에서 마음의 중심을 굳건하게 지키기란 쉽지 않다. 특히 인생에서 중요한 순간과 맞닥뜨렸을 때에는 마음이 크게 흔들리게 마련이다. 마음공부가 필요한 이유다. 위기를 넘길 때뿐만이 아니라 평상시에도 스스로를 많이 돌아볼수록 마음은 굳건해진다.

결단은 결정할 결決과 잘라낼 단斷이 합쳐진 말이다. 많은 가능성 중에서 단 한 가지를 선택하고 나머지 모든 가능성은 미련 없이 잘라버리는 것을 뜻한다. 따라서 결단에는 책임이 따른다. 그 책임은 오롯이 스스로의 몫이다. 주체적으로 산다는 것은 포기한 가능성에 대한 미련을 버리고, 나의 선택에 대한 확신을 가진 다음, 나의 결정에서 비롯된 모든 책임을 감당하는 것이다.

갈림길에 맞닥뜨렸을 때 유일하게 나쁜 태도는
돌아서는 것도, 나아가는 것도 아니라 주저앉는 것이다.

신독, 혼자 있는 시간의 힘

타인에게 포기당하지 않기 위해
스스로를 포기하지 말라

人必自侮 然後人侮之
인필자모 연후인모지

사람은 반드시 스스로 모욕한 후에야
다른 사람에게 모욕받는다.
_《맹자》

"창랑의 물이 맑으면, 갓끈을 씻고
창랑의 물이 흐리면, 발을 씻는다."
창랑지수청혜 가이탁아영滄浪之水清兮 可以濯我纓
창랑지수탁혜 가이탁아족滄浪之水濁兮 可以濯我足

초나라의 시인 굴원屈原의 시 〈어부사〉漁父辭에 나오는 구절이다.
초나라의 왕족 출신으로 정쟁에 휘말려 유배를 당했던 굴원이 가상의
인물인 어부의 입을 빌려, 적당히 세상과 타협하며 살면 안 되겠느냐

말의 참뜻은 말과 말 사이에 머문다

는 마음의 갈등을 노래한 구절이다.

물에는 흐린 물도 있고 맑은 물도 있듯이, 세상 역시 평화로운 시절이 있고 혼란스러운 시절도 있다. 그러니 세상이 평화롭다면 갓끈을 씻어 벼슬길로 나아가고, 시절이 혼탁하면 발이나 씻으며 세월을 보내면 어떻겠느냐는 권유다. 물이나 세상을 마음대로 할 수 없다면 세태에 잘 어울려 살면 그만이 아니겠냐는 고민에서 나온 말이었을 것이다. 하지만 굴원은 강에 몸을 던져 세상을 떠나고 만다. 비록 잠깐 흔들리는 마음을 어부의 입을 빌려 표현했지만, 세상에 굴복하느니 끝까지 깨끗함을 지키겠다는 확고한 마음을 죽음으로 드러낸 것이다.

《맹자》〈이루 상〉離婁上에는 이 노래를 부르는 한 소년이 등장하는데, 이 노래를 듣고 공자는 제자들에게 이렇게 가르친다.

"얘들아, 들어라. 물이 맑으면 갓끈을 씻고 더러우면 발을 씻겠다고 하니 이는 물이 스스로 자초한 일이다."(청사탁영 탁사탁족의 자취지야清斯濯纓 濁斯濯足矣 自取之也)

공자의 해석은 굴원과는 관점이 다르다. 갓끈을 씻긴다는 것은 물로서는 명예로운 일이다. 사람들은 물이 깨끗해야 갓끈을 씻는다. 하지만 발을 씻는 것은 다르다. 물이 맑고 깨끗하면 행여나 더럽히지 않을지 염려하며 쉽게 발을 담그지 못하기 때문이다. 만약 물이 더러워 사람들이 스스럼없이 발을 씻으면 당연히 물은 더욱 더러워진다. 결국 물이 깨끗하면 그에 걸맞은 대우를 받고, 물이 더러우면 그 또한

신독, 혼자 있는 시간의 힘

그에 맞는 대접을 받는다. 맹자는 공자의 이 가르침을 인용하면서 이렇게 말했다.

"사람은 반드시 스스로를 모욕한 후에야 다른 사람이 그 사람을 모욕한다. 집안도 반드시 스스로 망친 후에야 다른 사람이 그 집안을 훼손시키며, 나라도 반드시 스스로를 해친 뒤에야 다른 나라가 그 나라를 해친다."

스스로 맑고 깨끗하면 다른 사람들 역시 함부로 하지 못하지만, 자기 자신부터 스스로를 모욕하고 훼손하면 다른 사람으로부터 멸시와 괴롭힘을 받게 된다. 이에 맹자는 이렇게 결론을 내렸다.

"《상서》〈태갑〉에서는 '하늘이 내린 재앙은 피할 수 있지만, 스스로 부른 재앙에서는 살아날 수 없다'고 했다."

험한 세상으로부터 자신을 지키는 길의 첫 번째는 바로 자신의 존엄성을 지키는 것이다. 사람은 완벽할 수 없기에 누구에게나 결점과 단점이 있기 마련이다. 만약 장점이 아닌 단점에 집중하면 스스로 실망하고 점점 더 자신을 포기하게 된다. 사람으로서 지켜야 할 존엄성을 포기하고 함부로 삶을 살게 되는 것이다. 모든 사람은 하늘이 준 소중한 가치, 존엄성을 가지고 있다. 스스로를 훼손해 그 가치를 포기하지 말아야 한다.

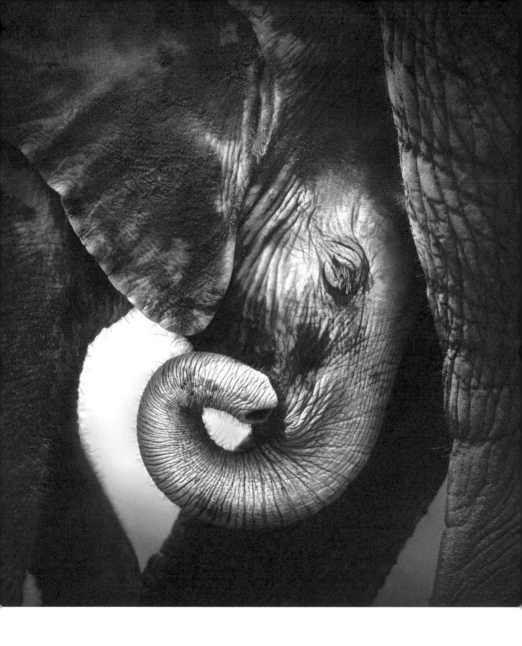

우리는 현실과 이상 사이에서 헤매다 스스로를 놓아버리곤 한다.
그러나 살아간다는 것은 현실과 이상의 사이를 찾아가는 과정이다.
어느 한쪽에 집착하다 보면 중간에 놓인 소중한 부분을 잃게 된다.

첫걸음을 떼기 위해서는
먼저 혼자 설 수 있어야 한다

獨立不改
독립불개

홀로 서서 흔들리지 마라.
_《도덕경》

도道는 노자 철학의 핵심이자 이루고자 하는 가장 높은 경지다. 《도덕경》의 맨 앞머리에는 도에 대해 이렇게 이야기하고 있다.

"도라고 할 수 있는 도라면 그것은 참된 도가 아니다. 부를 수 있는 이름은 참된 이름이 아니다."(도가도 비상도 명가명 비상명道可道

非常道 名可名 非常名)

도란 이름을 붙일 수도 없고, 그 실체를 명확히 알 수 없는 존재라는 것이다. 너무 심오해 이해하기가 쉽지 않은데, 《도덕경》 제25장에

말의 참뜻은 말과 말 사이에 머문다

서는 이렇게 풀어 설명해준다.

"혼돈이 있었으니, 하늘과 땅의 생성보다도 앞서 있었다. 아무 소리도 없고 아무 형체도 없지만 홀로 존재하며 바뀌지 않고 모든 것에 두루 행해지면서도 위태롭지 않으니 천하의 어머니라 할 만하다. 나는 그 이름을 알지 못하므로 그것을 '도'라 하고, 억지로 그것을 대(大)라고 부르기로 했다."

도는 만물의 근원이며 만물의 섭리지만 실체가 없어 노자 자신도 명확히 정의하지 못했다. 굳이 말하자면 '만물을 입혀 주고 길러 주면서도 주인 노릇을 하지 않는' 자연과 같은 존재라는 것이다. 그래서 도가 사상을 가리켜 무위자연의 사상이라고 한다.

우리가 도의 차원에 접근하기는 어렵지만, 그 속성을 따라 도의 차원에 근접하려는 노력은 할 수 있다. 바로 예문의 글이다. 흔들리지 않는 삶의 주관을 뚜렷이 세워갈 때 '도'를 향해 가는 첫걸음을 시작할 수 있다. 그 기본 전제는 오롯이 혼자가 되어 보는 것이다.

혼자가 되는 것을 사무치는 외로움이라고 생각한다면 그 경험은 그저 고통이 될 뿐이다. 그러나 그 무엇에도 방해받지 않는 독립된 존재인 스스로를 자각하는 경험으로 받아들인다면 고독은 무궁한 창의와 주체적인 나로 바뀌는 기회가 된다.

하루 중 스스로를 혼자 두는 시간이 없다는 것은 곧 사색할 수 있는 시간의 여백이 없는 의미와 같다. 독서할 시간은 말할 것도 없다. 독서나 사색과 같이 지난날을 점검하는 기회 없이 그저 흐르는 대로 살다 보면 직관력을 잃고, 사물의 본질을 꿰뚫어 볼 수 있는 통찰력 또한 사라진다.

위대한 족적을 남긴 경영자들은 무언가 중요한 결정을 내려야 할 때 반드시 혼자만의 시간을 가졌다. 이병철 삼성 회장의 도쿄 구상은 이제 널리 알려진 이야기다. 그는 1960년부터 매년 연말연시가 되면 도쿄에 가서 홀로 사업에 대해 구상했다. 삼성이 전자와 반도체, 항공산업에 진출하는 구상은 모두 그곳에서 이뤄졌다고 한다. 빌 게이츠가 미국 서북부의 작은 별장에서 생각 주간을 가지며 마이크로소프트의 미래 전략을 연구했던 것처럼, 헨리 데이비드 소로가 숲에서 사색과 독서를 통해 직관을 얻은 것처럼 이병철 회장에게는 도쿄의 한 호텔방이 사색을 위한 숲이자 별장이었을 것이다.

프랑스의 수학자 앙리 푸앵카레Henri Poincare는 "논리를 통해 기존의 사실을 증명할 수는 있다. 하지만 새로운 지식을 얻지는 못한다. 새로운 지식을 습득하게 만드는 것은 직관이다"라고 말했다. 직관의 대가로 알려진 스티브 잡스 역시 스탠퍼드 대학 졸업식 축사에서 비슷한 말을 좀 더 감각적으로 전했다. "용기를 가지고 여러분의 직관을 따르십시오. 끝없는 목마름으로, 끝없는 열정으로."

이런 직관을 가져다주는 것이 바로 앞서 밝혔던 사색과 독서다. 그리고 사색과 독서는 남이 대신해주지 못하고, 함께할 필요도 없다.

❖

명사수는 시위를 놓는 외로운 순간에
스스로를 의심하며 미리 절망하지 않는다.

말의 참뜻은 말과 말 사이에 머문다

吾友我 ^{오우아}

나는 나를 벗 삼는다

제6장

자신이 그리워질 때까지
고독하라

평생을 함께해도 여전히 낯선
내게 계속 말을 건다는 것

吾友我
오우아

나의 벗은 나 자신이다.
_〈선귤당농소〉

이덕무는 조선 정조 시기 집현전 검서관檢書官으로 일했던 인물이다. 서자 출신이라 관직에 진출할 희망조차 가질 수 없었지만, 정조의 발탁으로 나이 서른아홉에 등용되었다. 관직에 나가서도 책을 교정하거나 베껴서 복사하는 검서관 일을 맡아 하며 책을 떠나 살지 않았다. 스스로 지은 별호인 '책만 읽는 바보'(간서치)가 이러한 그의 삶을 잘 말해준다.

그 당시 많은 선비와 마찬가지로 그 역시 관직에 진출하지 못했을 때에는 혹심한 가난에 시달렸다. 겨울날 얼어 죽은 것 같은 추위에 그는 《한서》를 이불 삼아 버텼고, 매서운 바람이 들어오자 《논어》 한

권을 빼서 바람을 막았다. 배고픔에 시달리는 가족을 보다 못해 가장 아끼던 《맹자》를 팔아서 가족을 배불리 먹이기도 했다. 이를 친한 친구 유득공柳得恭에게 달려가 자랑하자, 유득공 역시 가지고 있던 《좌씨전》左氏傳을 팔아서 함께 술을 마시며 희희낙락했다. 이쯤 되면 삶이 곧 책이고 책이 곧 삶이라고 할 만하다.

정조는 이덕무의 책 읽는 소리를 좋아해서 "큰 소리로 읽어라" 하며 곁에서 즐겨 들었다고 한다. 그가 세상을 떠나고 두 해가 지난 후에 정조는 이렇게 탄식했다. "지금 펴내는 책들을 보니 검서관 이덕무의 학식과 능력이 잊히지 않는다." 배우고 익힘을 사랑했던 사람의 뒷모습은 정말 크게 느껴진다.

이덕무에게는 함께 실학을 공부했던 친구들이 있었다. 그 수가 많지는 않았으나 뜻이 서로 맞았기에 함께 학문의 길을 걸어 나갔다. 다만 모두가 처지가 궁했기에 자주 만날 수는 없었고, 설사 만난다고 해도 풍족한 시간을 보내지는 못했다. 앞에서 소개한 고사에서 보듯이 뜻하지 않은 돈이 생기면 함께 좋은 시간을 보냈지만, 언제나 아쉬움이 남는 만남이었을 것이다.

대부분 혼자만의 시간을 보내야 했지만 이덕무에게는 그 시간을 어떻게 보낼지에 대한 지혜가 있었다. 바로 자기 자신을 친구로 삼는 것이다. 문집 〈선귤당농소〉에 실린 글이다.

"눈 온 날 새벽, 비 내리는 저녁, 좋은 벗이 오지 않으니 누구와 이야기를 나눌까? 시험 삼아 내 입으로 읽어 보니 내 귀가 듣는

신독, 혼자 있는 시간의 힘

구나. 내 팔로 글을 쓰니 이를 감상하는 것은 내 눈이로다. 나의 벗은 바로 나이니 다시 무엇을 원망하랴."

눈이 오는 새벽이나 비가 오는 저녁 시간은 가장 쓸쓸한 시간이며 마음이 가라앉는 시간이기도 하다. 이때 외로움에 시달리거나 자신의 신세를 돌아보며 한탄한다면 더욱 우울해진다. 곁에 친구라도 있으면 함께 담소하거나 술을 나누기도 하겠지만 아무도 없다면 마음은 외로움을 넘어 괴로울 수밖에 없다. 아마 이런 상황은 가난했던 이덕무에게는 비일비재한 일이었을 것이다. 이때 이덕무는 자신을 친구로 삼았다. 그리고 술잔 대신 책을 잡아 읽었고, 붓을 잡아 글을 썼다.

이덕무에게는 가장 외로운 시간이 가장 소중한 시간이기도 했다. 우리에게도 마찬가지다. 가장 외로운 시간은, 가장 소중한 일을 쌓아나가는 시간이다.

❖

고독이란 평생 가장 가까이 지냈으면서도
항상 그리운 나 자신에게 손을 내미는 자리다.

자신이 그리워질 때까지 고독하라

사귐이란 공간이 아니라
마음의 거리를 좁히는 것이다

値會心時節 逢會心友生 作會心言語 讀會心詩文 此至樂
치회심시절 봉회심우생 작회심언어 독회심시문 차지락

좋은 시절에 좋은 벗을 만나 좋은 대화를 나누며 좋은 시문을 읽으면
이 어찌 지극한 즐거움이 아닌가.

_〈선귤당농소〉

극심한 가난과 절박한 현실로 인해 이덕무에게는 친구가 많지 않았
다. 뜻을 같이 하는 몇몇 친구가 있었지만, 그들 역시 같은 형편이라
만나서 교류하기는 쉽지 않았다. 현실이 이렇기에 좋은 친구와의 따
뜻한 만남을 이덕무는 항상 그리워했다. 예문은 그 마음을 표현했던
글이다. 그의 문집 〈선귤당농소〉에 실려 있는데, 이렇게 이어진다.

"그 기회는 어찌 이리 드문가? 일생에 겨우 몇 번 허락될 뿐이다."

항상 마음으로 그리워하는 좋은 벗을 자주 만나면 좋겠지만 상황이 허락하지 않는다. 가난 때문이기도 하지만 각자가 해야 할 일이 있고, 이룰 뜻이 있기에 함께할 시간을 만들기가 어렵기도 했을 것이다. 그래서 그리움은 더욱 간절했기에, 시와 글을 통해 이덕무는 자신의 마음을 표현했다. 그러고도 그 간절함이 채워지지 않으면 상상 속의 만남으로 친구와의 회포를 풀었다.

"단 한 사람의 지기를 얻는다면 나는 십 년간 뽕나무를 심고, 일 년간 누에를 쳐서 오색실로 물을 들이리라. 열흘에 한 색깔을 물들인다면 쉰 날이면 다섯 빛깔이 되겠지. 따뜻한 봄볕에 쬐어 말린 후 어린 아내에게 친구의 얼굴을 수놓게 하여, 귀한 비단과 아름다운 옥으로 액자를 만들리라. 그리고 까마득히 높은 산과 유유히 흐르는 강물 사이에 이를 펼쳐 놓고 말없이 마주보고 앉아 있다가 어느새 뉘엿뉘엿 해가 지면 품에 안고 돌아오리라."

진심으로 나를 알아주는 지기는 쉽게 만날 수 없다. 이덕무는 평생을 두고도 몇 번 만나기가 어렵다고 말했다. 하지만 설사 만나지 못하더라도 마음으로 가장 소중하고 그리운 존재가 바로 친구다. 십 년의 정성을 들여 그림으로라도 만나기를 원하는 존재가 벗인 것이다. 이덕무는 이런 마음을 글로 표현했다.

얼마나 자주 만나는가가 진정한 친구의 척도는 아니다. 자주 만나 술을 마시고 회포를 푸는 사이라고 해서 진정한 친구는 아니다. 함께 공부를 하고, 같은 직장에서 동고동락한다고 해도 역시 진정한 친구라고 할 수 없다. 단순히 같은 장소, 같은 스승에게 배우는 사람이 아니라 함께 길을 가는 사람이라야 진정한 벗이 될 수 있다. 물론 가끔 만나 회포를 푸는 친구도 필요하다. 하지만 인생에서 가장 절실한 벗은 진정으로 나를 알아주는 친구, 또 하나의 내가 되어 함께 인생길을 가는 친구다. 그런 친구는 쉽게 만나지 못한다.

공자는 《논어》의 맨 첫머리 글에서 "벗이 먼 곳에서 찾아오니 이 또한 즐겁지 않은가?"(유붕자원방래 불역락호有朋自遠方來 不亦樂乎)라고 말했다. 군자의 즐거움이라고 하기에는 어딘가 아쉽다고 생각할 수도 있지만, 이 글에는 깊은 의미가 있다.

먼저 공자는 삶의 의지를 다지고 뜻을 이루는 데 친구라는 존재가 반드시 있어야 한다고 생각했다. 그리고 친구 간에는 물리적인 거리가 중요하지 않다고 봤다. 오히려 멀리 떨어져 있어도 먼 거리를 마다 않고 찾아오는 친구가 소중하다. 그때 만남은 최고의 즐거움이 된다. 벅차고 힘든 일상에서 목마를 때 마시는 시원한 샘물처럼 휴식을 주기 때문이다.

아무리 좋은 친구라고 해도 언제나 함께할 수는 없다. 이덕무는 이러한 아쉬움을 상상 속의 만남으로 풀었다. 떨어져 있는 시간이 오히려 친구의 소중함을 새기는 시간이 된 것이다. 우리에게도 친구의 존재와 가치에 대해 생각해보는 시간이 필요하다. 만나면 즐겁지만 헤어지고 나면 공허함만 남는 친구는 진정한 친구가 아니다.

신독, 혼자 있는 시간의 힘

곁에 있어도 멀리 떨어진 듯 그리워하니,
친구는 마음으로 사귀는 존재다.

벗을 가늠한다는 것은
우정을 포기하는 것과 같다

不挾長 不挾貴 不挾兄弟而友
불협장 불협귀 불협형제이우

나이 많은 것을 내세우지 않고 부귀함에 기대지 않으며
권세 있는 형제를 끼우지 말라.

_《맹자》

제자 만장萬章이 벗에 대해 묻자 맹자가 전한 가르침이다. 맹자는 이어서 이렇게 말해준다.

"친구란 덕德으로 사귀는 것이니 사귐에 내세우는 것이 있어서는 안 된다."

진정한 친구는 이해타산으로 따지는 관계가 아니라 오직 인격에 의해 맺어지는 존중의 대상이 되어야 한다는 것이다. 이어서 맹자는 그 당시 진실한 친구의 예를 몇 가지 들어준다.

"맹헌자孟獻子는 백 대의 수레를 가진 사람으로 친구 다섯 명이 있었다. 맹헌자는 이 다섯 사람과 사귈 때 명문가라는 자신의 신분을 염두에 두지 않았다. 다섯 사람 역시 맹헌자가 자신들과 격이 다른 사람이라고 생각했다면 사귀지 않았을 것이다."

"비국의 왕 혜공惠公이 이르기를 '나는 자사子思(공자의 손자)를 스승으로 여기고 안반顔般은 벗으로 사귄다. 왕순이나 장식은 나를 섬기는 이들일 뿐이다'라고 했다."

"진나라의 평공平公은 해당亥唐과의 관계에서 해당이 들어오라고 하면 들어오고, 앉으라고 하면 앉았으며, 먹으라고 하면 먹었다. … 이는 선비가 현자를 존경하는 태도이지, 왕이 현자를 존중하는 태도가 아니었다."

"순舜이 요堯임금을 뵈러 갔더니, 요임금은 사위를 별궁에 머물게 하면서 향연을 베풀었다. 이는 천자로서 보통 사람과 사귀는 것이다."

맹헌자나 혜공 그리고 진 평공과 요임금은 모두 당대 최고의 권력자들이다. 통치자로서 보통 사람과는 구별되는 신분이었지만 이들이 친구를 사귈 때에는 모든 것을 내려놓고 상대를 존중했다. 맹자는 결론으로 이렇게 말했다.

"아랫사람으로 윗사람을 존경함이란 귀한 사람을 귀하게 여기는 것이다. 윗사람으로서 아랫사람을 존경함이란 현자를 존중한다고 하는 것이다. 역시 귀한 사람을 귀하게 대하는 것이다. 그 의미는 서로 다르지 않다."

앞서 말한 대로 '친구는 덕으로 사귀어야 한다'는 뜻이다. 아무리 높은 지위에 있는 사람이라도 친구를 사귀는 데에는 오직 '덕', 인격

자신이 그리워질 때까지 고독하라

과 덕성만이 유일한 가치가 된다. 하지만 오늘날의 세태는 어떤가. 역시 고전에서 말해준다. 다음은 《명심보감》에 나오는 구절이다.

"서로 알고 지내는 사람은 세상에 가득할 정도지만 마음을 아는 친구는 몇이나 되는가."(상식만천하 지심능기인 相識滿天下 知心能幾人)

요즘을 가리켜 인맥의 시대라고도 한다. '당신이 만나는 사람이 당신을 말해준다'는 말도 있다. 사람들은 인맥을 넓히기 위해 다양한 모임에 참석하느라 여기저기 기웃거리기도 한다. 그러한 노력의 결과는 무엇일까? 평생 전화 한 번 할 일도 없는 사람들의 명함만 서랍 속에 가득할지도 모른다. 보고 싶어 날마다 만나는 친구와의 관계도 마찬가지다. 안 보면 섭섭하고, 외롭기에 만나지만 정작 만나서 하는 일은 술을 마시고 신변잡기를 늘어놓는 정도다. 일상의 고민을 털어놓고, 어설픈 위로를 나누지만 정작 그 만남에 실속은 없다.

쇼펜하우어는 친구 무용론을 주장하며 "사람과의 만남을 자제하면 오히려 영혼이 건강해진다"라고 말했다. 전적으로 공감하기는 어렵지만, 그의 조언을 계기로 삼아 친구에 대해 다시 한번 생각해볼 필요는 있을 것 같다. 이 친구는 나에게 어떤 존재인가? 나는 이 친구에게 무엇을 바라는가? 그리고 이 친구는 나에게 무엇을 바라는가?

나보다 저만치 앞서가는 친구를 보며 온전히 함께 기뻐하기는 쉽지 않다. 도저히 따라잡지 못하겠다는 생각이 들면 아무리 억누르려고 해도 질투의 마음이 들기 마련이다. 나보다 못한 친구를 보면서 은

근히 교만한 마음이 들 수도 있다. 속물과 같다고 스스로 한탄하겠지만 어쩔 수 없는 사람의 한계로 받아들일 수밖에 없다. 그래서 잠잠히 친구의 존재에 대해 생각해보고 질투의 마음을 성장을 위한 동력으로, 교만한 마음을 겸손으로 바꾸는 노력이 절실하다.

순수한 우정이 아니라 이해타산이 조금이라도 개입해 있다고 느껴진다면 만남보다는 차라리 혼자만의 시간을 보내는 것이 더 바람직할 것이다. 좋은 벗이란 나에게 이익을 주는 존재가 아니라 나에게 본을 보여주는 존재다.

❖

친구는 내가 나를 더욱 사랑할 수 있게
만들어주는 존재다.

자신이 그리워질 때까지 고독하라

번지가 인仁에 대해 묻자 공자가 답했다.

"사람을 사랑하는 것이다."

이어서 지知에 대해 묻자 공자가 답했다.

"사람을 아는 것이다."

_《논어》

친구란 당신과 나를
우리로 변화시키는 존재다

無友不如己者
무우불여기자

나보다 못한 자를 벗으로 사귀지 말라.
_《논어》

예문은 《논어》 〈학이〉學而와 〈자한〉子罕에 거듭해서 실려 있는 글이다. 여기서 나보다 못하다는 것은 우리가 흔히 오해하듯이 나보다 공부나 재주 혹은 재물에서 뒤떨어진 처지를 뜻하는 것이 아니다. 오히려 공자가 강조했던 바는 이와 같은 이해타산으로 친구를 사귀지 말라는 것이다. 친구에 대해 공자가 했던 말들을 미루어 생각해보면 이 말에는 두 가지 의미가 있다.

먼저 뜻이 같은 친구를 사귀라는 말이다. "유능한 장인은 반드시 먼저 자신의 연장을 손질한다. 마찬가지로 어떤 나라에 살든지 그 나라의 대부 중 현명한 사람을 섬기고, 그 나라의 선비 중 인한 사람과

벗해야 한다."〈위령공〉衛靈公에서 제자 자공이 인을 행하는 방법을 묻자 공자가 내린 가르침으로, 자신의 핵심 철학인 '인'을 기술자가 일하는 모습에 빗대 알기 쉽게 전했다.

여기서 대부는 자신보다 윗사람으로서 함께 일하며 가르침을 받을 수 있는 존재를 의미하고, 선비란 평소에 함께 어울리며 교류하는 사람을 가리킨다. 일에서나 삶에서나 배움을 얻을 수 있는 사람과 신중하게 사귀며 함께 생활할 때 자연스럽게 인을 몸에 익힐 수 있다는 설명이다.

또 한 가지는 반드시 올바른 사람을 사귀어야 한다는 가르침이다. 뜻이 같다고 해서 무작정 사귄다면 함께 더 나쁜 길로 갈 수도 있기에 공자는 그러한 어울림을 경계했다. 《논어》〈이인〉里仁에는 "사람의 허물은 각기 그가 어울리는 무리의 허물을 따른다. 허물을 보면 그가 인仁한지 알 수 있다"라고 실려 있다. 친구를 보면 그 사람을 알 수 있다는 말은 서로 쉽게 물들이고 물드는 존재라는 사람의 한계를 잘 말해준다. 《태자소부잠》太子少傅箴에 실려 있는 '근주자적 근묵자흑'近朱者赤 近墨者黑도 널리 알려진 구절이다. 붉은 물감을 가까이하면 붉은 물이 들게 마련이고 검은 먹을 가까이하면 검은 물이 들게 마련이라는 뜻이다.

우리는 아직 세상에 때 묻지 않은 어린 시절의 교류를 두고 순수한 우정이라며 높이 평가한다. 그것을 잘 말해주는 고사성어가 '죽마고우'竹馬故友다. 대나무로 만든 말을 타고 함께 놀던 오랜 친구라는 뜻으로 상상만 해도 입가에 미소가 떠오른다. 하지만 이 고사의 유래

자신이 그리워질 때까지 고독하라

를 살펴보면 뜻밖의 사실을 알게 된다. 오히려 옛 친구를 폄하하고, 견제하는 내용이 담겨 있기 때문이다.

고대 중국 진晉나라의 은호殷浩와 환온桓溫은 오랜 친구 사이였다. 환온은 세상에 이름을 떨치려는 뜻을 가지고 있었고, 은호는 세속의 권력을 초개로 여기는 강직한 성품이었다. "관직이란 원래 썩어서 냄새가 나는 것으로, 관리가 되려는 사람은 꿈에서 죽은 사람을 본다. 돈이란 원래 쓰레기 같은 것으로, 돈이 생기면 꿈에서 더러운 것을 본다." 은호는 자신이 남긴 말처럼 속세의 명예와 부를 멀리하려는 분명한 뜻을 가지고 있었다. 하지만 임금은 강직한 성품의 은호가 필요했고, 몇 번의 간청 끝에 그를 조정으로 불러들였다.

얼마 후 은호는 전쟁에 나섰다가 패해서 돌아왔다. 이에 환온은 옛 친구인 은호의 죄를 감싸는 것이 아니라 오히려 비난하는 상소를 올렸다. 결국 은호는 귀양을 떠나 유배지에서 삶을 마치게 되었다. 당시 환온이 은호를 두고 했던 말에 '죽마고우'가 포함되어 있는데, 여기에는 친구를 대하는 환온의 속내가 담겨 있다.

"내가 어릴 때 은호와 함께 죽마를 타고 놀았는데, 싫증이 나서 죽마를 버리면 은호가 항상 그것을 주워 갔다. 그는 내 밑에서 노는 것이 당연하다."

지금 곁에 있는 친구가 진정한 친구가 아닐 수도 있다. 같이 있으면 즐겁고 위안이 된다고 해서 반드시 좋은 친구라고 할 수는 없다. 내 마음과는 전혀 다른 마음을 가진 친구일 수도 있기 때문이다. 물론 사람의 속은 알기 어렵지만 친구를 분별할 수 있는 한 가지 방법이

신독, 혼자 있는 시간의 힘

있다. 내가 잘나갈 때 자주 찾아오는 친구가 아니라 힘들고 어려울 때
변함없이 내 곁에 있는 사람, 그가 진정한 친구다.

❖

친구란 내가 고꾸라졌을 때
내려다보며 손을 내미는 사람이 아니라
기꺼이 옆으로 넘어져 함께 일어서 주는 존재다.

자신이 그리워질 때까지 고독하라

옆에 있어도 간절하고
멀리 있어도 도탑다

海內存知己 天涯若比鄰
해내존지기 천애약비린

이 세상에 나를 알아주는 벗이 있다면
하늘 끝도 이웃처럼 가까우리라.

_왕발王勃

영어 문화권에는 'Out of sight out of mind'라는 표현이 있다. '눈에 보이지 않으면 마음도 멀어진다'는 뜻으로, 가까이 있어야 사이가 더 긴밀해진다는 의미다. 하지만 진정한 우정이란 오히려 멀어질수록 더 간절해진다. 인생사의 귀중한 역설이다. 공자는 한 시를 해석하며 이러한 이치를 가르쳐 준다. "산앵두나무 꽃이 바람에 펄럭펄럭 나부끼네. 어찌 그대 그립지 않으리오만 그대 머무는 곳이 너무 머네." 이 시를 두고 공자는 이렇게 말했다. "그리워하지 않는 것이지, 진정 그리워한다면 어찌 거리가 멀다고 하겠는가?"

신독, 혼자 있는 시간의 힘

진정으로 그립고 보고 싶다면 거리는 아무런 장애가 되지 않는다. 우정뿐 아니라 세상의 모든 이치가 그렇다. 공부든 사랑이든 진심으로 갈망한다면 그 어떤 문제도 가로막을 수 없다.

당나라 시기 시인인 왕발도 같은 말을 한다. 진정한 우정이라면 물리적인 거리나 떨어져 있는 시간이 문제가 아니라는 것이다. 관포지교 管鮑之交로 유명한 관중管仲과 포숙아鮑叔牙의 우정을 보면 그 의미를 잘 알 수 있다.

관중과 포숙아는 어린 시절부터 함께 자라며 서로를 아꼈던 친구 사이다. 함께 장사도 하고 전장에도 나섰지만, 그때마다 관중은 비겁한 모습을 보였다. 함께 장사를 할 때 관중이 매번 더 많은 이익을 가져가자 포숙아는 "관중은 집이 가난하니 더 많이 가져가는 것이 당연하다"라고 감쌌다. 전장에서 관중이 여러 번 도망을 치자 포숙아는 "관중은 비겁한 것이 아니라 늙은 어머니를 모셔야 하기에 몸을 사리는 것이 당연하다"라고 변호해줬다.

두 사람의 관계에서 압권은 제나라에서 벌어진 내란에서 각각 다른 편에 서서 서로 대적했을 때의 일이다. 관중은 공자 규의 편에 섰고, 포숙아는 소백의 편에 섰는데, 결국 소백이 승리하자 관중은 처형을 당할 위기에 처한다. 하지만 포숙아는 오히려 소백에게 관중을 재상으로 추천하며 이렇게 말한다. "공께서 제나라의 왕에 만족하신다면 저를 재상으로 삼으면 됩니다. 하지만 천하의 패왕이 되기를 원하신다면 관중을 재상으로 삼으십시오."

죽을 위기에 처했던 자신을 구해 제나라의 재상으로 추천했던 포

자신이 그리워질 때까지 고독하라

숙아와의 우정을 두고 관중은 이렇게 말했다.

"나를 낳아준 이는 부모지만 나를 알아준 이는 포숙이다."(생아
자부모 지아자포자야生我者父母 知我者鮑子也)

우정은 환경이나 물리적인 거리에 따라 변하는 것이 아니라 어떤
상황에도 변하지 않는 것이다. 심지어 나 자신조차 알지 못하는 내 마
음을 대변해주는 존재가 바로 진정한 우정을 나누는 친구다.

좋은 친구가 있다면 자주 보고 싶은 것이 사람의 당연한 마음이
다. 가까이에 두고 싶고, 더 많이 보고 싶다. 하지만 친구를 정말 소중
히 여기는 사람이라면 그의 앞날까지 헤아릴 수 있어야 한다. 가까이
두고 만나는 즐거움보다는 멀리 있어도 그가 이루고자 하는 꿈을 진
심으로 응원해주는 간절함이 진실한 우정이다.

우정은 관계의 결과가 아니라
함께 해 내는 삶의 과정이다.

우정이란 만나기 전보다
더 낫게 헤어지는 것이다

樂生於苦 苦者樂之根也 苦生於樂 樂者苦之種也
낙생어고 고자락지근야 고생어락 락자고지종야

즐거움은 괴로움에서 나오니 괴로움이란 즐거움의 뿌리다.
괴로움은 즐거움에서 나오니 즐거움은 괴로움의 씨앗이다.

_〈여유당전서〉

"군자의 사귐은 물과 같이 담담하고 소인의 사귐은 단술처럼 달다."

《명심보감》에 실린 구절이다. 군자들의 사귐은 요란하지 않고 깊이가 있기에 사람들이 보기에는 마치 물처럼 심심하다. 소인들의 사귐은 겉으로 보기에는 재미있고 즐거움이 넘치는 것 같지만 돌아서면 아무것도 마음에 남지 않는다.

심심하든 자극적이든 친구와의 헤어짐은 아쉽고 쓸쓸하겠지만, 담백한 사귐을 가졌던 군자들 간의 헤어짐은 더욱 깊은 상실감을 남긴다. 진심으로 마음을 나눌 수 있는 친구를 잃어버렸기 때문이다.

자신이 그리워질 때까지 고독하라

예문은 《주역》에서 말하는 '물극필반'物極必反의 원리를 말하는 것 같지만, 실상은 다산 정약용이 친구와 이별하는 심경을 표현한 것이다. 비록 헤어짐이 괴롭고 힘들지만 앞으로 있을 재회를 기대하면서 기쁘게 이별을 맞이하자는 다짐이다. 이러한 말로 다산은 자신의 마음을 다독였고, 친구 이중협에게도 따뜻한 위로를 전했다.

다산이 유배지로 가니 처음에는 그곳 사람들 모두가 그를 큰 해독처럼 대했다. 관리들은 자신의 앞날에 지장이 있을까 아예 멀리했고, 정쟁과는 아무런 상관도 없는 백성들마저 다산이 머무는 집을 찾아가 문을 부수고 담장을 허물며 괴롭혔다. 심지어 아무도 지낼 방을 내주지 않아서 다산은 작은 주막의 노파가 내준 쪽방에서 머물러야 했다. 그곳에서도 위협이 있을까 봐 창문을 닫아걸고, 밤낮을 홀로 보내야 했다.

그때 병마우후兵馬虞候를 지내던 이중협李重協이 생각지도 않았는데 찾아왔다. 그가 누명을 쓰고 외딴 곳으로 밀려나 모두가 멀리하던 다산을 굳이 찾아온 이유는 오로지 다산의 덕과 학식을 사모했기 때문이다. 다산은 그와의 만남을 이렇게 표현했다.

"날마다 편지를 주고받고, 조각배를 타고 뱃놀이를 하거나, 한 필의 말을 타고 봄놀이를 즐기기 위해 거르는 달이 없이 자주 찾아왔는데, 이와 같이 한 지가 삼 년이 되었다."

삼 년간 변함없이 교제하던 그들은 이중협이 다른 임지에 가면서 이별을 맞게 되었다. 그 심정을 다산은 이렇게 썼다.

"이 뒤부터는 비록 종이나 먹이 있으나 누구와 글을 써서 주고받

신독, 혼자 있는 시간의 힘

겠으며, 거마 소리를 울리며 다산 골짜기를 찾아올 사람이 누가 있겠는가? 그것을 생각하니 서글프다. 이것은 괴로움이 즐거움에서 생긴 것이다."

이어서 다산은 이중협을 이렇게 위로한다.

"그러나 괴로움은 즐거움의 뿌리니, 만약 내가 살아서 열수를 건너 고향으로 돌아가고, 이군李君도 휴직을 하면 다시 나를 찾아와 맛있는 음식으로 즐겁게 밥상을 마주하게 되겠지. 이것은 또 즐거움이 괴로움에서 생기는 것이다. 나의 벗께서는 슬퍼하지 마시게."

슬퍼하는 이중협을 위로하며 다산은 열 편의 시를 써서 전해주며 그 머리말을 이렇게 썼다. 그들은 진정한 군자답게 이별의 순간에도 술을 마시며 슬픔을 잊는 것이 아니라, 깊이 있는 시와 글로 마음을 나눴다.

'회자정리 거자필반'會者定離 去者必返, 만남에는 반드시 이별의 순간이 있고, 헤어짐에도 반드시 만날 기약이 있다. 아무리 깊은 우정을 나눈 친구라고 해도 언젠가는 헤어지는 순간이 온다. 그 시간과 공간의 이격離隔을 초월할 수 있는 사이가 진정한 친구다.

**우정이란 서로를 참아내는 배려가 아니라,
만나지 못하는 세월을 견디는 그리움이다.**

이름으로 힘껏 불러주는
친구가 없다면 죽은 것이나 다름없다

人與其無知己 不如死之久矣
인여기무지기 불여사지구의

나를 알아주는 이가 없다면 차라리 죽는 것만 못하다.
_〈여유당전서〉

다산이 둘째 형 정약전丁若銓의 죽음을 슬퍼하며 했던 말이다. 정약전
은 다산과 같은 시기에 흑산도에 유배되어 귀양지에서 삶을 마친 인
물이다. 어민이 주류인 그곳에서 백성의 삶을 돕기 위해 《자산어보》茲
山魚譜를 짓기도 했는데, 어떤 상황에서도 학문을 그치지 않고 백성을
아끼고 사랑했던 형제의 마음은 다름이 없었다.

정약전은 다산보다는 조금 늦은 시기에 관직에 진출했지만 역시
정조의 아낌을 받았다. 정조는 정약전을 두고 "약전의 준결한 풍채가
약용의 아름다운 자태보다 더 낫다"라고 하며 그의 학문과 자질을 인
정하기도 했다. 귀양을 가서도 정약전은 다산과 편지로 교류하며 다

신독, 혼자 있는 시간의 힘

산의 학문적인 성취에 큰 힘이 되었다. 다산은 수시로 형에게 편지를 보내 저술에 관해 의견을 묻기도 하고, 의문 나는 점에 대해서는 도움을 청하기도 했다.

하지만 정약전은 모진 귀양살이를 견디다 다산보다 먼저 세상을 떴다. 다산은 형제이자 학문적인 동지를 잃은 슬픔을 자신의 두 아들에게 보낸 편지에서 이렇게 밝힌다.

"외로운 천지 사이에 우리 손암巽庵(정약전의 호) 선생만이 나의 지기였는데, 잃고 말았다. 이제부터는 비록 얻는 바가 있어도 장차 어디에 말하겠느냐? 사람이 자기를 알아주는 이가 없으면 죽은 사람이나 다름이 없다. 아내와 자식도 내 지기가 될 수 없고, 집안 사람들도 모두 지기가 아니다. 지기가 세상을 떴으니 어찌 슬프지 않겠느냐?"

다산은 형 정약전을 가리켜 지기知己, '나를 알아주는 존재'라고 표현했다. 앞서 소개한 '관포지교'의 고사에서 관중이 절친한 친구 포숙아를 두고 '나를 낳아준 이는 부모지만 나를 알아주는 존재는 포숙아다'라고 했던 데서 나온 말이다. 평상시에는 서로 화목하며 즐겁게 지내고, 고난에 처했을 때는 서로 의지하며 힘이 되고, 세상에서 오직 나를 알아주는 지기가 될 수 있는 존재가 바로 형제와 벗이다.

다산이 둘째 형인 정약전을 지기라고 했던 또 하나의 이유는 학문의 길을 함께하는 존재였기 때문이다. 다산은 정약전과 비록 멀리 떨

자신이 그리워질 때까지 고독하라

어져 있었지만, 서신으로 교류하며 도움을 받았다. 무조건 동조하는 것이 아니라 치열하게 학문적인 시비를 가리고, 미심쩍은 것은 서로 의논하고, 힘들 때는 위로와 격려를 받으며 다산은 저술 활동을 이어 나갔다. 다산이 첫 책 《상례사전》喪禮四箋을 써서 보냈을 때 약전은 이렇게 답을 줬다.

"네가 예禮에 있어서 마치 장탕張湯(한 무제 때의 법관)이 옥사를 다스리듯이 세밀히 분석하고 정리하여 빠뜨리는 것이 없다."

이외에도 다산은 저서가 한 편씩 완성될 때마다 형에게 보내 의견을 구했고, 그때마다 정약전은 답을 보냈다.

"네가 도달한 지금의 경지는 네 스스로도 알지 못할 것이다. 아, 도가 천 년 동안 없어져서 온갖 장애물에 가리어 있었으니, 헤쳐내고 끊어내어 그 가리어 있는 것을 환하게 밝히는 것이 어찌 진정 네가 할 수 있는 일이랴?"

이처럼 동생의 학문적 성취를 매번 칭찬하고, 격려하는 형이 있었기에 다산은 〈여유당전서〉라는 민족의 유산을 자신의 이름으로 남길 수 있었다. 어떤 상황에서도 변함이 없는 존재, 나를 알아주고 내가 가는 길을 응원하고 격려하며 도움을 주는 존재가 바로 벗이다.

❖

'지음'知音(백아와 종자기의 고사에서 유래한 성어)이란,
친구의 진가를 알아주는 것이 아니라
친구가 오는 소리를 듣고 그 이름을 불러 보는 것이다.

신독, 혼자 있는 시간의 힘

진짜 친구는 갚을 수 없는
빚을 지우지 않는다

父母存 不許友以死
부모존 불허우이사

부모가 살아 계실 때는 벗을 위해 목숨을 걸어서는 안 된다.

_《예기》

문경지우刎頸之友라는 고사성어가 있다. 그대로 옮기면 '목이 베이더라도 변치 않는 친구'로, 서로를 위해 목숨을 아끼지 않는 깊은 우정을 뜻한다. 전국시대 조나라의 재상 인상여藺相如와 장군 염파廉頗 사이에 있었던 일로, 〈사기열전〉史記列傳에 그 사연이 실려 있다.

조나라의 장수로 이름을 날리던 염파는 미천한 출신인 인상여가 진나라와의 외교에서 공을 세워 자신보다 더 높은 재상의 자리에 오르자 그에게 모욕을 줘서 물러나게 하겠다고 벼르고 있었다. 그 소문을 들은 인상여는 염파를 피해서 다녔다. 조정에서도, 길거리에서도 인상여가 염파를 피해 도망을 다닌다는 풍문이 돌자 집안의 가신들이 그에게 따졌다.

"우리가 재상을 섬기는 까닭은 그 의로움과 용기를 흠모해서입니다. 그런데 재상께서는 하급자인 염파 장군이 두려워 도망이나 다니시니 저희는 부끄러워 견딜 수가 없습니다. 저희는 재상의 곁을 떠나려고 합니다."

그러자 인상여가 말했다. "나는 최강국인 진나라의 왕 앞에서도 흔들리지 않고 두 번씩이나 모욕을 주고 외교적 성과를 거두었소. 그런 내가 어찌 염파 장군이 두려워 피하겠소? 단지 나는 나라의 큰 기둥인 염파 장군과 나 사이에 다툼이 있으면 우리나라가 큰 혼란에 빠지면서 외적의 침입을 부르지는 않을까 염려할 뿐이오."

이 말을 들은 염파는 크게 부끄러워하며 등에 회초리 한 묶음을 짊어진 채 그의 집 앞에 가서 엎드려 죄를 청했다. 인상여는 달려 나와 그를 일으키며 말했다. "장군께서 저의 진심을 알아주시니 제가 더 감격스럽습니다." 그리고 두 사람은 나라의 안위를 위해 굳게 뭉쳤는데, 이때 염파가 외쳤던 말이 문경지우다.

문경지우는 우정의 진정한 의미를 말해준다. 친구를 위해 목숨까지 거는 행동은 나라를 지키는 일과 같은 대의명분으로 하나가 될 때 그만한 가치가 있다. 친구를 위한답시고 사소한 결기로, 순간적인 감정으로 목숨을 거는 것은 어리석은 행동일 뿐이다. 친구를 위해 목숨을 걸어야겠다는 생각이 든다면 반드시 나를 목숨보다 더 소중하게 생각하는 부모가 있다는 것을 먼저 떠올릴 수 있어야 한다.

예문의 구절을 두고 《소학증주》小學增註에서는 "부모가 계심에도

신독, 혼자 있는 시간의 힘

몸을 남에게 허락하는 것은 부모를 잊는 행동이다"라고 했다. 자녀가 친구를 위하다가 몸을 상하게 되면 부모의 상심이 너무나 클 것이므로 함부로 행동해서는 안 된다는 말이다.

하지만 바른 삶을 위해서는 또 다른 요구 사항이 있다. 같은 책에는 이렇게 실려 있다.

"부모가 살아 계실 때, 평소에 친구와 함께 죽기를 약속해서는 안 된다. 하지만 만약 같이 길을 가다가 환란을 당한다면, 어버이를 핑계로 구해주지 않아서도 안 된다."

부모가 살아 계실 때는 친구와 목숨을 함께하겠다는 약속을 함부로 해서는 안 되지만, 실제로 위험이 닥쳤을 때는 부모를 핑계로 친구를 내버려서도 안 된다. 물론 두 사람이 모두 위험에 빠지지 않는 상황이 최선의 선택이다. 하지만 만약 한 사람이 위험에 빠진다면 설사 자신까지 위험에 휘말리게 될지라도 친구를 구하기 위해 최선을 다해야 한다. 그것은 우정이라는 범주를 떠나서 사람으로서 당연히 행해야 할 도리다.

여기서 우리가 생각해야 할 지점은 단순히 '목숨을 건다'는 강렬한 어휘가 아니라, 곁에 있는 친구가 어떤 존재인가 하는 물음이다. 물론 친구란 만만치 않은 인생을 살아가는 과정에서 서로에게 도움이 되는 존재를 일컫는다. 벗 우友는 손 수手와 또 우又가 합쳐져서 만들어진 글자다. '또 하나의 손'이 되어 나를 돕는 사람이 바로 친구다.

하지만 안타깝게도 우리 대부분은 순간의 즐거움을 위해 친구를 사귀는 것이 현실이다. "술과 밥을 함께하며 형, 아우 하는 자가 천 명이라고 해도, 급하고 어려울 때 도와줄 친구는 하나도 없다."《명심보감》에 실려 있는 글이 정곡을 찌른다.

❖

친구를 사귈 때 필요한 자세는
친구에 대해 미리 기대하거나 실망하지 않는 것이다.

신독, 혼자 있는 시간의 힘

말로 전해질 정성이라면
굳이 말로 전할 필요가 없다

忠告而善道之 不可則止 毋自辱焉

충고이선도지 불가즉지 무자욕언

진실한 마음으로 조언하고 잘 인도하되, 그래도 할 수 없다면
그만둘 일이지 스스로 치욕을 당하지는 말라.

_《논어》

"어떤 사람을 선비라고 할 수 있습니까?" 제자 자로의 물음에 공자가
답했다. "서로 진심으로 격려하며 노력하고, 잘 화합하고 즐겁게 지내
면 선비라고 할 수 있다. 친구는 서로 간곡하게 선을 실천하고 악을
멀리하도록 권하며 형제는 서로 화목하고 즐겁게 지내야 한다." 지나
치게 적극적이고 활달해 인간관계에서 문제를 겪었던 자로의 성향에
맞는 가르침이다. 이러한 공자의 가르침에는 조건이 있다. 서로 합당
한 사람을 친구로서 사귀어야 한다는 것이다.

모든 인간관계는 상호적이다. 만약 배려와 선의가 받아들여지지

않으면 그 관계는 깨지고 만다. 예문은 공자가 제자 자공에게 벗에 대해 가르친 말이다. 아무리 좋은 말도 지나치면 문제가 생기기 마련이다. 특히 그 말을 들을 마음도, 자격도 없는 사람에게 건네는 것이라면 오히려 분쟁의 씨앗이 될 뿐이다. 공자는 따로 이유를 말해주지 않았지만, 〈이인〉에서 공자의 제자 자유가 그 이유를 잘 말해준다.

"임금을 섬김에 자주 간언하면 치욕을 당하고, 친구에게 자주 충고하면 소원해진다."(사군삭사욕의 붕우삭사소의事君數斯辱矣 朋友數斯疏矣)

충성한답시고 때와 상황을 살피지도 않고 무시로 충고한다면 임금의 심기를 거스르게 된다. 결국 치욕을 당하게 되는데, 이는 조언을 받아들이지 못하는 임금의 옹종함 때문이 아니라 간언한 신하가 자초한 것이나 다름없다. 불가피한 조언일수록 조심스럽게 건네야 하기 때문이다. 친구 간에도 마찬가지다. 아무리 진실한 마음으로 친구를 위해 타이른다고 해도 말에 묻어나는 걱정이 지나치면 역효과를 거둘 뿐이다. 《근사록》近思錄에서 정자程子는 조언을 건네는 방법에 대해 좀 더 상세하게 이야기했다.

"함께 있으면서 상대의 잘못을 일러 주지 않는다면 충실하지 않은 것이다. 서로 진실한 마음으로 교제하면 말하기 전부터 그 마음이 전해지기에 말을 하면 상대가 곧 믿게 된다. 선한 일을 권할 때 정성은 넘치게 하고, 말은 부족하게 해야 상대에게는 유익하고 나에게는 충고

신독, 혼자 있는 시간의 힘

를 무시당하는 욕됨이 없다.”(책선지도 요사성유여이언부족 즉어인유익 이재아자 무자욕의責善之道 要使誠有餘而言不足 則於人有益 而在我者 無自辱矣)

　여기서 핵심은 ‘정성은 넘치게, 말은 부족하게’다. 진정한 친구란 말이 아닌 마음으로 통하는 관계다. 굳이 말로 하지 않아도 눈빛만 보면 그 마음을 알 수 있다. 하지만 부득이 말로 전해야 한다면 말은 최대한 줄이고 정성을 넘치도록 담아야 한다. 마음을 말로 전달하는 데에는 한계가 있다. 진심은 말이 아닌, 마음으로 전달된다.

　쇼펜하우어는 ‘친구란 나와 가장 잘 맞는 단 한 사람으로 충분하다’라고 했다. 그리고 ‘번잡한 인간관계에서 벗어날수록 사람의 형편은 더 나아진다’라고 말하기도 했다. 고독의 철학자다운 말이다. 하지만 이를 오늘날 형편에서 무조건 받아들이기는 어렵다. 스스로를 고립시킨 사람이 자기합리화의 수단으로 삼아서는 더더욱 곤란하다. 쇼펜하우어가 살던 당시 유럽의 귀족 사회에서는 폐쇄적인 사교 모임이 유행했다. 일을 안 해도 먹고사는 데 지장이 없는 사람들이 모여 그들만의 향락을 누리던 시기였기에, 쇼펜하우어는 ‘혼자만의 시간’을 강조했을 것이다.

　“세상에서 가장 쉬운 일은 남에게 충고하는 일이고, 가장 어려운 일은 자기 스스로를 아는 일이다.” 그리스 철학자 탈레스가 했던 말이다. 자신의 강점뿐 아니라 약점과 부족함까지 아는 것이 자신을 제대로 아는 것이고, 이런 사람만이 남에게 조언을 건넬 자격이 생긴다. 자신의 부족함은 제대로 보지 못하면서 함부로 남에게 충고하는 것은 교만일 뿐이다.

자신이 그리워질 때까지 고독하라

오늘날 일과 삶에서 풍성한 인맥은 자산이 될 수도 있다. 험난한 인생길을 갈 때 힘이 되는 친구 역시 반드시 필요하다. 하지만 그 관계는 적절해야 한다. 무조건 의지해서도, 일방적으로 베풀어서도 안 된다. 무엇보다도 친구는 함께 성장해 나가는 존재여야 한다. 진심으로 앞날을 응원하되 지킬 것은 지켜 나갈 때, 친구는 인생의 귀한 조력자가 된다.

❖

우리는 조언을 건넬 때에는
자신의 진심에 초점을 맞추면서
조언을 받아들일 때에는
상대방의 태도를 먼저 따진다.

허물없이 말을 건네는 데에도
공부가 필요하다

益者三友 損者三友 友直 友諒 友多聞
益矣 友便辟 友善柔 友便佞 損矣
익자삼우 손자삼우 우직 우량 우다문
익의 우편벽 우선유 우편녕 손의

유익한 벗이 셋이 있고 해로운 벗이 셋이 있다. 곧은 사람,
신의가 있는 사람, 견문이 넓은 사람을 벗하면 유익하다.
아부하는 사람, 줏대 없는 사람, 말만 잘하는 사람은 해롭다.
_《논어》

공자는 학문과 수양 그리고 치세의 길을 함께 가는 친구를 중요하게
여겼다. 친구에게서 내가 하고자 하는 일에 큰 도움을 받을 수 있다
고 여겼기 때문이다. 〈계씨〉季氏에 실린 위의 예문에서는 사귀어야 할
벗과 멀리해야 할 벗을 딱 짚어서 밝혀준다.

유익한 벗이란 성품이 바른 친구다. 그 가운데 곧은 사람은 정직
하고 강직하다. 때와 상황에 따라 쉽게 바뀌지 않는다. 자신의 잘못에

자신이 그리워질 때까지 고독하라

엄격한 만큼 다른 사람의 잘못에 대해서도 솔직하다. 함부로 비판하고 비난하지는 않지만 그릇된 길에 대해서는 용인하지 않는다. 자기 스스로가 잘못된 길로 가지 않는 만큼 친구 역시 바른길로 이끈다.

신의가 있는 사람은 진실하고 믿음직하다. 약속은 반드시 지키고 책임감이 있어서 솔선수범한다. 말이 아니라 행동으로 보여 주기에 좋은 점은 닮게 되고 선한 영향을 서로 주고받을 수 있다.

견문이 넓은 사람은 매사에 바른 판단을 내릴 수 있다. 창의적인 발상으로 발전적인 의견을 제시하고, 폭넓은 경험을 바탕으로 한 재미있는 이야기가 많아 함께할 때 즐겁다.

그다음 해로운 세 벗은 모두 '말'에 문제가 있는 사람이다. 공자는 말에 흠결이 있는 사람을 멀리하라고 했다. 먼저 아부하는 사람은 말과 행동에 진실성이 없는 사람이다. 겉으로는 예의를 잘 지키는 것 같지만 속은 다르다. 번지르르하게 말하며 비위를 맞추지만 그의 관심사는 오직 자신의 이익뿐이다. '교언영색'巧言令色, 교묘하게 꾸미는 말과 번드르한 얼굴빛이 이들이 평소에 보이는 언행이다. 공자는 이런 사람 가운데에는 '인仁한 사람이 드물다'라고 잘라 말했다.

줏대 없는 사람은 유순하고 선량한 사람으로 보여 처음에는 좋은 관계를 유지할 수 있다. 평소에 원만하게 지내기에는 가장 부담 없는 사람으로도 여겨진다. 하지만 그의 마음에는 일정함이 없다. 나를 위하는 사람처럼 보이지만 어디까지나 자신에게 이익이 되는 상황에서만 그렇다. 만약 더 이익이 되는 것을 발견하거나, 손해 보는 일이 생기면 가차 없이 돌아선다.

신독, 혼자 있는 시간의 힘

말만 잘하는 사람은 미덥지 못하다. 말을 들어 보면 마치 청산유수와 같아서 감탄이 절로 나온다. 하지만 정작 실천은 생각하지 않는다. '식언'食言 즉 자기가 했던 말도 먹어 버리는 사람이다. 당연히 돌아서면 능란하게 뱉어댄 말을 쉽게 잊어버린다.

《논어》의 마지막 문장은 "말을 알지 못하면 사람을 알 수 없다"(부지언 무이지인야不知言 無以知人也)로 맺어진다. 사람은 말로 자신을 드러내기에 말을 듣는 것은 신중해야 한다. 나아가 나 자신이 해왔던 말도 돌아볼 수 있어야 한다. 내가 말로 사람을 평가하듯이 다른 사람 역시 말로 나를 가늠한다. '말은 그 사람 자신이다'라는 말을 언제나 새길 수 있어야 한다.

여기서 좋은 벗에 대해 또 한 가지 생각해볼 점이 있다. 좋은 친구란 만날 때 행복하고 즐거운 관계다. 만나면 좋기에 헤어지는 것 역시 아쉽다. 하지만 친구라면 서로의 성장을 위해서 만남의 즐거움을 포기할 수도 있어야 한다. 그래야 서로를 그리워하고 응원하며 부지런히 정진하는 절차탁마의 시간을 마련할 수 있다. 그 인내의 시간이 지난 후 '괄목상대'한 친구를 보며 함께 기뻐하는 것이 진정한 친구의 모습이다.

❖

**가까운 사이일수록 나눠야 할 것은 나누고
사려야 할 것은 사려야 관계가 오래 지속된다.**

자신이 그리워질 때까지 고독하라

스스로를 의심하는 사람은 남을 믿지 못하고,
자신을 믿는 사람은 남을 의심하지 않는다.

_《명심보감》

知天命

지천명

하늘의 뜻을 깨닫는다

제7장

지나온 마음에서
내가 가야 할 길을 듣는다

생의 고비를 겪고 나면
마음의 소리가 열린다

五十而知天命
오십이지천명

나는 오십에 천명을 알았다.

_《논어》

《논어》〈위정〉에서 공자는 자신의 삶에 대해 이렇게 말했다.

"나는 열다섯에는 학문에 뜻을 두었고, 서른에 주관을 바로 세웠으며, 마흔에는 미혹되지 않았다. 쉰에는 천명을 알게 되었고, 예순에는 말을 듣는 법을 터득했으며, 일흔에는 마음 가는 대로 해도 법도에 어긋나지 않았다."

나이에 따라 자신이 어떤 경지에 이르렀는지를 말해준 구절인데, 예문에서는 나이 오십이 되었을 때 도달한 공자의 경지가 나온다. 공자와 같은 성현조차 오십 년을 공부해야 깨달았던 만큼 천명을 안다는 것은 쉬운 일이 아니겠지만, 여기서 우리는 천명을 알고 그에 순응

지나온 마음에서 내가 가야 할 길을 듣는다

하는 삶을 사는 방법에 대해 배울 수 있다. 바로 학문으로 바탕을 다지고, 뚜렷한 주관을 세우고, 변화하는 세상의 일에 흔들리지 않은 다음에야 비로소 천명을 아는 경지에 이를 수 있다는 것이다. 천명을 알게 되면 예순에 이르러 말을 통해 사람을 이해하는 경지에 이르고, 일흔에는 의도하지 않아도 자연스럽게 높은 도덕과 수양의 경지가 삶에서 드러날 수 있게 된다.

오십은 공자가 영욕榮辱을 경험했던 시기였다. 쉰이 되면서 노나라의 대사구大司寇(형법을 관장하는 벼슬)가 되어 뜻을 펼칠 지위를 얻었지만, 곧 실각하고 만다. 뜻을 이루기 위해 14년간 천하를 유랑하면서 많은 나라를 방문하고 왕들을 만났지만 함께할 나라는 찾지 못했다. 무력과 전쟁의 시기에 예와 사랑으로 나라를 다스리자는 공자의 주장은 현실성이 없는 공허한 생각으로 받아들여질 수밖에 없기도 했다.

그 과정에서 공자는 굶어 죽을 위기도 겪었고, 도적으로 몰려 살해 위협을 받기도 했다. 심지어 '상갓집 개와 같다'는 치욕적인 비난을 스스로 인정하지 않을 수 없을 정도로 처절한 상황에 처하기도 했다. 천명은 이와 같은 수많은 고초의 경험을 쌓고 난 다음에 이룰 수 있는 경지다.

천명天命을 말 그대로 해석하면 '하늘의 명령'이다. 따라서 사람의 노력으로는 바꿀 수 없다. 단지 우리는 과정에 최선을 다할 뿐, 그다음 결과는 하늘의 뜻을 기다려야 한다. '진인사대천명'盡人事待天命이 말해주는 바와 같다. 원하는 일을 이루기 위해서는 노력을 기울여야 하지만 최선을 다해도 일이 이뤄지지 않을 수 있다. '하늘의 뜻을 기다린

신독, 혼자 있는 시간의 힘

다'(대천명待天命)는 말이 바로 그런 뜻이다. 천명이란 사람의 힘으로는 어찌할 수 없는 운명과도 같은 것이기 때문이다. 이에 대해 다산 정약용은 이렇게 핵심을 찌른다.

"화와 복의 이치에 대해서는 옛날 사람들도 의심해온 지 오래되었다. 충효를 행한 사람이라고 해서 반드시 화를 면하는 것도 아니고, 음란하고 방탕한 자라고 하여 반드시 박복한 것도 아니다. 그러나 선을 행하는 것이 복을 받는 도가 되므로 군자는 부지런히 선을 행할 뿐이다."

다산의 통찰이기에 더욱 공감이 간다. 정조의 총애를 받으며 마흔이 채 안 된 나이에 형조판서를 대행하는 높은 벼슬에 올랐지만, 정쟁에 휘말려 18년간의 귀양을 떠나야 했던 그의 삶이 곧 증명해주고 있기 때문이다. 아무리 선하게 살아도 삶이 고달프고, 악을 행하는 나쁜 사람이 잘되는 것을 보면 사람들은 '하늘의 뜻'을 의심하게 된다. 하지만 삶에서 행복이란 외적인 환경에 의해 주어지는 것이 아니다. 제아무리 부자가 되고 높은 지위에 올라도 그 삶이 지옥과 같은 경우도 많지 않은가.

진정한 행복이란 하늘이 준 나의 소명을 깨닫고, 그 뜻을 이루는 데에서 비롯된다. 그 깨달음은 고난의 시간에 얻을 수 있다. 이때 고난이란 주위의 누구도, 기댈 환경도 없는 철저한 혼자만의 시간이다.

지나온 마음에서 내가 가야 할 길을 듣는다

우리는 생의 한복판에 이르러서야
그동안 길을 헤맸음을 깨닫는다.

시험받아 본 적 없는 삶은
무덤과 같다

天將降大任於是人也
천장강대임어시인야

하늘이 장차 그 사람에게 큰 사명을 내리려 하나니
_《맹자》

맹자가 활동하던 전국시대는 그 어떤 때보다 더 살아남기 힘든 시기였다. 춘추시대 당시 수백 개에 달하던 나라들은 총 일곱 개의 큰 나라로 정리되었는데, 단순히 나라가 줄어든 것이 아니라 큰 나라들이 약한 나라들을 침략하고 병합해 나간 결과였다. 오죽하면 그 시대를 전국시대戰國時代라고 했겠는가? 전쟁을 일상처럼 치렀던 시절이었다. 나라뿐만이 아니라 그 당시 사람들은 너무나 쉽게 목숨을 잃었다. 군인은 전장에서 죽고, 평범한 사람들은 전쟁 와중에 굶어서 혹은 전화에 휩쓸려 죽음을 맞았다.

바로 이런 시대에 맹자는 단순히 학자의 입장만 견지할 수는 없었

신독, 혼자 있는 시간의 힘

다. 맹자는 그 당시 최고의 권력자인 왕들을 차례로 만나 무력이 아닌 사랑으로 나라를 다스리라고 담대히 설득했다. 그때 맹자가 설파한 주장이 '인자무적'仁者無敵이다. 인자무적은 흔히 알고 있듯이 '그 인자함으로 적을 만들지 않는다'라는 의미가 아니라 '사랑으로 나라를 다스리는 사람은 반드시 이긴다'라는 뜻이다. 사랑으로 다스릴 때 백성들은 목숨을 바쳐 충성할 것이고, 그 '화합의 힘'으로 어떤 강대국과 싸워도 이겨낼 수 있다는 것이다.

맹자는 또한 고난의 시기를 살아내고 있는 백성들에게도, 그 버거운 현실 속에 담긴 삶의 의미를 찾으며 때를 기다리라고 가르쳤다. 예문이 바로 그 첫머리 글로, 《맹자》〈고자장구 하〉에 실린 글은 이렇게 이어진다.

"하늘이 장차 그 사람에게 큰 사명을 내리려 할 때는 먼저 그의 마음을 괴롭게 하고, 뼈와 힘줄을 힘들게 하며, 육체를 굶주리게 하고, 그에게 아무것도 없게 만들어 그가 행하고자 하는 바와 어긋나게 한다. 마음을 격동시켜 성정을 강하게 함으로써 그가 할 수 없었던 일을 더 많이 할 수 있게 하기 위함이다."

고난은 천명, 즉 하늘의 뜻이라는 것이다. 그리고 맹자는 왜 하늘이 굳이 크게 쓸 사람에게 어려움을 겪게 만드는지 그 이유를 알려준다.

"사람은 항상 과오를 범하고 난 후에 고칠 수 있고, 마음이 괴롭고 생각이 막힌 후에야 분발하고, 얼굴빛과 목소리에 고뇌가 드러난 후에야 깨닫게 된다."

오늘날 '고난은 감춰진 축복이다'라는 말이 있다. 맹자가 이 말의 원조일지도 모른다. 사람들은 고난을 통해 스스로를 돌아보고, 어려움을 겪은 후에 더욱 분발해 적극적으로 나서게 된다. 물론 고난에 치여 무너지는 사람도 있다. 하지만 꼭 역사적으로 위대한 일이 아니라, 그 어떤 일이라도 고난에 무너지면 이뤄낼 수 없다.

"가난과 고난과 근심과 걱정은 그대를 옥처럼 완성한다."《근사록》에 실린 구절이다. 갈고 닦고 쪼갠 끝에 아름다운 옥이 완성되는 것처럼, 인간 역시 고난에 의해 다듬어지고 빛이 나는 법이다. 무엇보다도 고난을 이겨낸 경험은 앞으로 어떤 어려움에도 당당히 맞설 수 있는 자신감의 원천이 될 것이다.

만약 지금 고난에 처해 있다면 잠시 멈춘 다음 홀로 그 의미를 생각해보라. '지금 이 고난이 말해주는 하늘의 뜻은 무엇인가? 그것을 위해 나는 무엇을 할 것인가?' 환경을 탓하지 않고, 사람에게 의지하지도 않고, 오직 나와 하늘의 뜻만 생각할 때 내가 열어갈 길이 보인다. 이때 고난은 혼자 감내해야 할 하늘의 축복이 된다.

❖

부서지지 않는 금강석은 깊숙한 땅속에서
거센 압력과 고온을 견딘 끝에 완성된다.

과거는 돌아보고, 미래는 준비하며,
현재를 살아가라

困辱非憂 取困辱爲憂 營利非樂 忘營利爲樂
곤욕비우 취곤욕위우 영리비락 망영리위락

곤욕이 근심거리가 아니라 곤욕을 괴로워하는 것이 근심이다. 영화가 즐
거운 것이 아니라 그 영화를 잊어버리는 것이 진정한 즐거움이다.

_《격언연벽》

하늘이 사람에게 허락한 것 중에 가장 공평한 것은 '시간'이다. 아무
리 부귀한 사람이라도 하루를 24시간보다 늘려서 사용할 수는 없다.
또 미래의 시간을 당겨서 쓸 수도 없다. 따라서 세상이 불공평하다는
말은 진실이 아닐 수도 있다. 누구에게나 똑같이 주어진 시간을 제대
로 활용할 수 있다면 얼마든지 좋은 인생을 살 수 있기 때문이다. 동
서양의 철학자들은 시간에 대해 많은 통찰을 전해주고 있다.

"친 지니 되는 구늘이 아니라 촌음을 다투는 짧은 시간이 진짜

지나온 마음에서 내가 가야 할 길을 듣는다

보배다."(《격언연벽》)

"가난과 천함을 원망하는 까닭은 때를 모르기 때문이다."(《등석자》鄧析子)

"때에 이르러 열심히 힘쓰라. 세월은 사람을 기다리지 않는다." (도연명陶淵明)

시간을 아껴 풍요로운 삶을 살아가라는 가르침이지만 이 속에는 더 깊은 뜻이 있다. 시간 자체를 아끼는 데에서 나아가 주어진 시간의 의미를 반드시 생각할 수 있어야 한다는 것이다. 한정된 시간은 누구에게나 공평하게 주어지지만, 주어진 상황은 저마다 다르다. 풍요로운 삶을 살아가는 사람도 있지만, 빈곤과 고난의 시간을 견뎌야 하는 사람도 있다. 한 개인의 인생 안에서도 마찬가지다. 넉넉하고 안정된 시기가 있다면 어렵고 고통스러운 시기도 있다. 삶의 지혜란 그 시간을 어떻게 살아낼지에 대해 아는 것이다.

《장자》에 실려 있는 고사다. 장자가 초라한 모습으로 위나라 왕을 만나자 왕은 "선생께선 왜 그리 고달파 보입니까?"라고 물었다. 그러자 장자는 "저는 가난한 것이지 고달픈 것은 아닙니다"라고 답했다. 장자는 자신이 그저 가난할 뿐, 그 가난이 자신의 삶에 어떤 영향도 미치지 못한다고 말한 것이다. 그는 자신이 추구하는 삶의 가치가 부가 아니었기에 가난하다고 해서 삶을 불행이나 고통으로 받아들이지 않았다. 바로 안빈낙도라는 삶의 자세다.

《논어》에서도 공자와 제자 자공과의 대화를 통해 부와 가난에 대

신독, 혼자 있는 시간의 힘

한 통찰을 말해준다. 자공이 물었다. "가난하면서도 남에게 아첨하지 않고, 부유하면서도 다른 사람에게 교만하지 않는다면 어떻습니까?" 공자가 대답했다. "그 정도면 괜찮은 사람이다. 그러나 가난하면서도 즐겁게 살고 부유하면서도 예의를 좋아하는 것만은 못하다."

진정한 삶의 가치는 부나 가난 그 자체가 아니라 부와 가난을 대하는 마음가짐에 있다는 것이다. 공자는 자공의 물음에 답하면서 가난하면서도 즐겁고, 부유하면서도 사람됨의 도리를 지켜 나갈 수 있다면 품격 있는 삶을 살아갈 수 있다는 가르침을 내렸다.

프랑스의 철학자 몽테뉴는 《수상록》Essais에서 다음과 같이 말했다. "위대하고 고상한 것을 판별하기 위해서는 우리 또한 위대하고 고상한 영혼을 지니지 않으면 안 된다. 그렇지 않으면 자신의 악덕조차도 위대하고 고상한 것으로 생각하게 된다. 곧게 펴진 노도 물속에 들어가면 굽은 것처럼 보인다. 사물을 보는 자체가 아니라 사물을 어떻게 보느냐의 문제인 것이다."

독일의 철학자 쇼펜하우어 역시 비슷한 말을 했다. "지금 처해 있는 상황 자체가 아니라, 그 상황을 대하는 마음가짐이 삶의 질을 말해준다. 우리의 행복은 즐거운 마음에 크게 좌우되고, 즐거운 마음은 건강 상태에 따라 좌우된다. 똑같은 상황과 맞닥뜨렸다고 해도 몸이 건강할 때는 별다른 영향을 받지 않지만 병을 앓거나 건강하지 못할 때에는 큰 영향을 받는 이유가 바로 그 때문이다. 우리가 행복하거나 불행하다고 느끼는 이유는 사물 그 자체가 아니라 그 사물에 대한 우리의 생각 때문이다."

지나온 마음에서 내가 가야 할 길을 듣는다

지금을 살아가는 태도에 대해 비슷한 가르침을 전한 철학자들은 우리가 더 나은 삶을 살기 위해 실천해야 할 방법에 대해서도 마찬가지로 비슷한 조언을 건넨다. 바로 '현재에 충실하라'라는 것이다.

우리가 살고 있는 시간은 과거와 현재, 그리고 미래로 이뤄진다. 그중에서 유일하게 내 것은 현재뿐이다. 과거는 흘러갔기에 되돌릴 수 없고, 미래는 아직 오지 않았기에 당겨 쓸 수 없다. 따라서 과거를 후회하며 괴로워하거나, 미래를 위해 현재를 희생하는 것은 인생을 낭비하는 것과도 같다. 부귀하든 가난하든 지금 처해 있는 상황이 자신의 행복을 결정하게 하지 마라! 그 어떤 상황에서도 현재에 충실하다면 그 삶은 충분히 소중하다.

우리는 결과를 내다보고 나서
과정에 집중하고자 한다.
그러나 먼저 집중하고 난
다음에야 보이는 것도 있다.

바람에 흔들리는 것은
촛불이지 초가 아니다

⊗

非淡泊無以明志 非寧靜無以致遠
비담박무이명지 비영정무이치원

담박하지 않으면 뜻을 밝힐 수 없고 고요하지 않으면 멀리 이를 수 없다.

_〈계자서〉誡子書

공자는 '멀리 내다보지 못하면 반드시 가까운 곳에 근심이 생긴다'(인무원려 필유근우人無遠慮 必有近憂)라고 말했다. 크고 멀리 꿈꾸고 치밀하게 준비하지 않으면 눈앞의 작은 일도 오히려 이루지 못하게 된다는 가르침이다. 《근사록》에 실린 "보는 것과 바라는 것은 멀고 크지 않으면 안 된다"(소견소기 불가불원차대所見所期 不可不遠且大)라는 구절도 같은 의미다.

예문은 제갈량諸葛亮이 아들 제갈첨諸葛瞻에게 보낸 〈계자서〉의 일부다. 여기서 '담박'淡泊하다는 것은 마음이 깨끗하고 맑아서 순수하다는 것이다. 그래야 밝은 이상을 품을 수 있다. 세상의 욕심과 일신

신독, 혼자 있는 시간의 힘

의 탐욕에 흔들리는 마음을 가진 사람은 올바른 뜻을 세울 수 없고 처신 역시 깨끗할 수 없다.

'영정'寧靜은 마음이 평온하고 조용한 경지를 말한다. 위기가 눈앞에 닥쳤을 때 평정심을 유지하지 못하고 작은 어려움에도 쉽게 흔들리는 사람은 원대한 일을 이룰 수 없다. 당장 닥쳐온 일을 수습하기에 급급할 수밖에 없기 때문이다. 하지만 이런 사람은 공자의 말처럼 눈앞에 닥친 일조차 제대로 처리하지 못한다.

앞의 예문은 제갈량 자신이 평생의 좌우명으로 삼을 정도로 좋아했던 구절인데, 아들 역시 통찰력 있는 인물이 되기를 원하는 간절한 마음을 편지에 담아서 보냈다. 아들은 아버지가 사망한 후 중요한 요직과 지위를 모두 이어받았지만, 안타깝게도 아버지의 간절한 염원에 보답하지는 못했다. 제갈첨은 위나라 장수 등애鄧艾의 도발에 평정을 잃고 싸우다 참담한 패배를 당해 전사하고 말았다. 만약 아버지의 염원대로 담박하고 평온한 마음으로 자신을 다스릴 수 있었다면 그렇게 쉽게 무너지지는 않았을 것이다.

제갈량은 마치 아들의 미래를 본 것처럼 평온한 마음을 지킬 것을 당부했지만, 이는 소설에서처럼 그가 특별한 능력을 가지고 있었기 때문이 아니다. 전쟁과 같은 현실에서 마음의 평안은 반드시 필요한 삶의 덕목이기 때문에 제갈량이 각별히 당부한 것이다.

우리도 그 사실을 모르지 않기에 마음을 지키고 다스리려고 하지만, 일상에서 겪는 많은 문제들이 끊임없이 마음을 흔든다. 예를 들어 일에서 비롯된 갈등은 갈증을 일으키고 마음을 지치게 한다. 그때마

지나온 마음에서 내가 가야 할 길을 듣는다

다 마음을 다잡으려 노력하지만 결코 쉽지 않다. 분노로 폭발하기도 하고, 두려움으로 움츠러들기도 한다. 이처럼 막막한 상황에서 벗어나는 방법을 제갈량에게서 배울 수 있다. 〈계자서〉의 머리글, 예문의 앞에 실린 글이다.

"무릇 군자의 행실이란 평온한 마음으로 수신하고, 검약하는 마음으로 덕을 함양하는 것이다."(부군자지행 정이수신 검이양덕夫君子之行 靜以修身 儉以養德)

먼저 제갈량은 자신을 수양하고 덕을 이뤄가야 한다고 말한다. 그 바탕이 되는 것이 바로 평온한 마음과 검약하는 자세다. 평온한 마음이 있어야 자신을 수양하는 데 흔들림이 없고, 검약하는 마음이 있어야 일상에서 항상 절제하고 삼가며 덕을 이룰 수 있다. 여기서 검소한 마음이란 마음의 겸손함을 포함한다.

'담박명지 영정치원'澹泊明志 寧靜致遠. 앞에서 소개한 제갈량의 가르침을 여덟 자로 줄인 성어로 오늘날에도 많은 사람들이 좌우명으로 삼고 있다. 우리에게 특히 의미가 깊은 까닭은 안중근 장군이 뤼순 형무소에서 이 구절을 썼기 때문이다. 안중근 장군에게는 맑고 평정한 마음과 분명한 뜻이 있었기에 죽음을 목전에 둔 참혹한 환경에서도 흔들리지 않을 수 있었다.

나라를 위해 목숨을 바쳐 분투하는 독립운동가가 아니더라도 우리는 모두 전쟁을 치르듯 하루하루를 살아내고 있다. 그렇기에 분명

신독, 혼자 있는 시간의 힘

한 뜻과 평온한 마음, 어떤 상황에서도 굳게 붙잡아야 할 두 가지 힘
이 특히 절실하다.

❖

바다마저 집어삼키는 폭풍 속을 헤칠 때
절대로 흔들려서는 안 되는 존재가 있다.
바로 흔들리는 배를 지휘하는 선장이다.

지나온 마음에서 내가 가야 할 길을 듣는다

바닥에 내려가야 자신이
얼마나 오를지를 알게 된다

知窮之有命 知通之有時 臨大難而不懼 聖人之勇也
지궁지유명 지통지유시 임대란이불구 성인지용야

곤궁에는 운명이 있다는 것을 알고, 형통에는 때가 있음을 알며,
큰 어려움에 처해도 두려워하지 않는 것이 성인의 용기다.
_《장자》

《장자》에 실려 있는 공자의 고사다.

공자가 광匡 땅에서 곤궁에 처했다. 송나라 사람이 그가 머문 집을 여러 겹으로 포위했음에도 공자는 현絃을 연주하며 노래하기를 멈추지 않았다. 그러자 다혈질인 제자 자로가 따졌다. "선생님께서는 어찌 이런 상황에서도 즐기실 수 있습니까?" 그때 공자의 대답이 바로 예문의 글이다. "곤궁에는 운명이 있다는 것을 알고, 형통에는 때가 있음을 알며, 큰 어려움에 처해도 두려워하지 않는 것이 성인의 용기다."

그리고 자로를 다독거렸다. "유由(자로의 이름)야, 가만히 있어라.

내 운명에는 다스림이 있다."

실제로 얼마 후 공자를 에워쌌던 군중의 지도자가 찾아와 말했다. "당신을 도적인 양호로 알고 포위했습니다. 이제 아닌 것을 알았으니 사죄를 드립니다."

전혀 예상치 못했던 고난이 닥치면 사람들은 당황하게 된다. 바로 자로의 모습이다. 만약 이런 사람이 곁에 있으면 덩달아 불안해지고 어쩔 줄 모르게 된다. 공자는 자로를 다독이면서 불안해하지도, 조급해하지도 말고 잠잠히 때를 기다리라고 말했다. 공자가 흔들리지 않을 수 있었던 까닭은 천명을 알았기 때문이다.

천명은 《논어》에 거듭해서 나온다. 〈술이〉에서 공자는 이렇게 말했다. "하늘이 나에게 덕을 부여해 주셨는데, 환퇴가 나를 어찌하겠느냐?" 환퇴는 공자가 송나라를 방문했을 때 공자를 죽이려 했던 인물이다. 제자들이 두려워하며 서둘러 그곳을 떠나자고 재촉했지만 공자는 그런 제자들을 다독였다. 하늘이 덕을 부여했다는 것은 덕을 통해 세상을 바르게 하라는 천명을 받았다는 뜻이므로 환퇴 따위가 감히 나를 해치지 못할 것이라는 말이다.

〈자한〉에는 이런 구절이 나온다. "문왕께서 이미 돌아가셨으니 이제 그 문화(문文)가 여기 있지 않은가? 하늘이 이를 없애려 한다면 나는 이 문화에 참여할 수 없을 것이다. 그러나 하늘이 이 문화를 없애려 하지 않는다면 광 땅 사람들이 나를 어찌하겠느냐?"

광 땅의 사람들이 공자를 해치려 하자 공자가 했던 말이다. 여기서 공자가 말했던 문화는 《주역》으로, 그 당시 공자는 《주역》의 해설

지나온 마음에서 내가 가야 할 길을 듣는다

서인 〈십익전〉+翼傳을 집필하고 있었다. 공자는 〈십익전〉을 하늘이 부여한 소명으로 인식했기에 〈십익전〉을 완성하기 전에는 자신이 죽지 않을 것이라고 확신했다.

위기에 처했을 때뿐 아니라 공자는 일상의 삶에서도 언제나 하늘의 뜻을 생각하며 최선을 다했다. 《논어》〈헌문〉憲問에서 공자는 이렇게 말하기도 했다. "하늘을 원망하지 않고, 다른 사람을 탓하지 않는다. 일상의 일을 배워서 심오한 이치에 도달했으니, 나를 알아주는 것은 저 하늘이로다."

유명한 하학이상달下學而上達 구절이 나오는 원문이다. 공자가 "나를 알아주는 사람이 없구나"라고 한탄하자 자공이 "어찌 사람들이 스승님을 몰라주겠습니까?"라고 물었다. 공자는 설사 사람들이 몰라도 하늘이 알기에 괜찮다고 하며 스스로를 위로했다.

누구나 삶에서 큰 위기를 맞거나, 세상에 뜻을 펼치지 못해 갑갑함을 느끼는 순간을 겪는다. 이때 절망하지 않고 잠잠히 닥친 상황을 생각하고, 그 속에 담긴 의미를 깨닫고, 헤쳐 나갈 방안을 찾는다면 공자가 그러했듯 고난을 이겨 낼 힘을 얻을 수 있다.

심리학에는 '회복탄력성'Resilience 이라는 이론이 있다. 살아가면서 겪는 다양한 역경과 실패를 오히려 도약의 발판으로 삼아 더 높이 뛰어 오를 수 있는 마음의 힘을 일컫는다. 역경으로 인해 밑바닥까지 떨어졌다가도 강한 회복탄력성으로 튀어 오르는 사람들은 대부분 원래 있었던 위치보다 더 높은 곳까지 올라갈 수 있다. 그러니 뜻하지 않게 다가오는 인생의 고난을 즐겁게 맞이할 일이다. 그 고난이 우리를 단

신독, 혼자 있는 시간의 힘

런하고, 더 큰일을 이루는 밑바탕이 된다.

❖

지금 가시밭길을 걷고 있다면 당신이 겨울이라고 생각하라.
겨울이 봄으로 변하듯 영원히 계속되는 가시밭길은 없다.

지나온 마음에서 내가 가야 할 길을 듣는다

그대 자신의 운명을
사랑하라

念幼年志學 二十年沈淪世路 不復知先王大道 今得暇矣
염유년지학 이십년침륜세로 불복지선왕대도 금득가의

어릴 때는 학문에 뜻을 두었으나, 스무 해 동안 세속의 길에 빠져 다시
선왕의 큰 도리가 있는 줄 알지 못했는데 이제야 여가를 얻게 되었다.
_〈여유당전서〉

다산 정약용은 인생의 최전성기를 구가하다가 정조가 승하한 이후 정
쟁에 휘말리면서 온 집안이 폐족이 되었다. 정적들은 심지어 "백 사람
을 죽여도 다산을 죽이지 못하면 소용이 없다"라고 할 정도로 그에게
격렬한 증오심을 보이기까지 했다. 예문은 오랜 귀양살이 후 고향으로
돌아온 다산이 회갑을 맞아 《자찬묘지명》自撰墓誌銘에 썼던 글이다.
"어릴 때는 학문에 뜻을 두었으나, 스무 해 동안 세속의 길에 빠져 다
시 선왕의 큰 도리(훌륭한 정치)가 있는 줄 알지 못했는데 이제야 여가
를 얻게 되었다." 다산은 이렇게 소회를 밝힌 다음 "잠잠히 기뻐했

다"라고 덧붙였다. 참혹한 상황에 처한 사람의 자세라고 도저히 믿기지 않을 정도다.

다산이 이렇게 절망적인 상황을 기쁘게 받아들이고 순응할 수 있었던 까닭은 바로 그 순간, 하늘로부터 받은 자신의 소명을 깨달았기 때문이다. 다산은 전혀 뜻하지 않았던 고난을 천명으로 받아들였고, 학자로서의 정체성을 찾고 하늘로부터 받은 소명을 완성하는 시간으로 삼았다. 고난은 이처럼 우리에게 하늘의 뜻을 이루게 하는 기회로 주어지기도 한다. 그것을 내 인생의 소명을 이루는 기회로 삼을지, 좌절해서 인생을 포기하는 계기로 삼을지는 모두 우리에게 달렸다.

《상례사전》의 서문에서도 다산은 같은 뜻의 말을 남겼다. 먼저 그때의 상황이 어떠했는지 이야기한 다음, 천명을 깨달은 순간 해야 할 일이 무엇인지를 가르쳐 준다.

> "그때 백성들은 유배된 사람들을 마치 큰 해독처럼 여겨서 가는 곳마다 모두 문을 부수고 담장을 허물어뜨린 다음 달아나 버렸다. 그런데 한 노파가 나를 불쌍히 여겨 자기 집에 머물게 해줬다. 이윽고 나는 창문을 닫아걸고 함께 이야기 나눌 사람도 없이 밤낮을 홀로 앉아 있었다."

모두에게 배척당했던 유배 생활은 다산의 인생에 있어서 가장 외롭고 힘든 순간이었을 것이다. 하지만 그 순간 다산은 문득 자기 소명을 깨달았다. "이때 잠잠히 기뻐하기를 '내가 여가를 얻었도다' 하고,

지나온 마음에서 내가 가야 할 길을 듣는다

〈사상례〉土喪禮(예법에 관한 책) 세 편과 〈상복〉喪服(장례에 관한 책) 한 편을 주석까지 가져다가 침식을 잊기까지 하며 정밀히 연구하고 조사했다." 여기서 우리는 인간이 언제 천명을 깨닫는지를 알 수 있다. 천명은 가장 외롭고 힘든 순간에 섬광처럼 찾아온다.

천명을 깨달았다면 반드시 바로 행동에 옮겨야 한다. 다산은 그 순간 〈여유당전서〉로 후세에 남을 첫 번째 책의 집필을 시작했고, 정밀하게 연구했고, 완성했다. 그리고 완성된 책을 보며 즐거워했다. 바로 이런 자세가 있었기에 다산은 후에 500여 권에 달하는 저작을 남길 수 있었다.

인생에서 힘든 순간을 바라는 사람은 없을 것이다. 하지만 뜻하지 않은 고난은 누구에게나 예외 없이 찾아온다. 모두가 당황스럽고 힘들겠지만 그 시간을 받아들이는 마음은 저마다 다르다. 그리고 그때를 보내는 자세도 사람마다 다르다. 슬픔과 고통의 시간으로 보내는 사람도 있고, 자신의 소명을 깨닫고 과감하게 일어나는 사람도 있다.

뜻하지 않은 실직으로, 혹은 계속되는 실패로 좌절하는 순간이 온다면 이렇게 생각할 일이다. "이제야 여가를 얻었다!"

❖

소명은 그저 받는 것이 아니라 따라가는 것이다.
어떻게 따라갈지는 내가 선택할 수밖에 없다.

나무를 자라게 하려면
잔가지들을 쳐줘야 한다

立志貴專一
입지귀전일

뜻을 세울 때는 한 가지에 집중하는 것이 가장 중요하다.

_《전습록》傳習錄

"우리에게 주어진 시간과 에너지는 한정되어 있다. 그것을 너무 넓게 펼치려 애쓰다 보면 노력은 종잇장처럼 얇아지게 된다. 사람들은 일의 양에 따라 성과가 점점 더 쌓이기를 바라는데, 그렇게 하려면 더하기가 아닌 빼기가 필요하다. 더 큰 효과를 얻고 싶다면 일의 가짓수를 줄여야 한다. 한 번에 너무 많은 일을 하려다 보면 설사 그렇게 하는 것이 효과가 있다고 해도, 아무것도 줄이지 않은 채 일을 자꾸 더하기만 하다가 결국엔 부정적인 결과를 맞게 된다."

세계적인 베스트셀러 《원씽》에 실린 글이다. 책의 공동 저자인 게리 켈러와 제이 파파산은 현대인들이 겪고 있는 어려움은 한정된 시간에 너무 많은 일을 하려는 데 있다고 설파했다. 그리고 그 해답을 제시하는데, 바로 가장 중요한 한 가지 즉 '원씽'에 집중하는 것이다.

"파고드는 것은 남다른 성과를 내기 위한 간단한 방법이다. 게다가 효과도 좋다. 언제든, 어디에서든, 어떤 경우에도 통한다. 왜일까? 단 하나의 목적의식, 궁극적으로 본인이 원하는 곳까지 도달한다는 단 하나의 목표만을 갖게 하기 때문이다."

저자들은 자신의 주장을 증명하기 위해 여러 가지 이론들을 제시하는데, 《원씽》의 주장대로 그중에 한 가지만을 소개한다. '80/20'으로 잘 알려진 파레토의 법칙으로, 이탈리아의 경제학자 빌프레도 파레토Vilfredo Pareto가 주장했던 "20퍼센트의 사람들이 부의 80퍼센트를 소유하고 있다"는 이론이다. 파레토의 법칙은 훗날 다른 학자들에 의해 단순히 부에서만이 아니라 모든 분야에서 통할 수 있는 개념으로 발전되었다. "80/20 법칙은 소수의 원인, 입력 혹은 노력이 보통 다수의 결과, 출력 혹은 보상으로 이어진다."

《원씽》에서는 여기서 그치지 말고 계속해서 80/20 법칙을 이어나가야 한다고 주장한다. 나머지 20에서 또 80/20 법칙을 적용하고, 다시 거듭 적용해 나가다 보면 결국 단 하나만 남게 된다. 그 일이 바로 성공에서 가장 중요한 일이며 해야 하는 첫 번째 일이자, 해야 하는 유일한 일이다.

《전습록》에 실려 있는 예문은 고전판 《원씽》이라고 할 수 있다. 이루고 싶은 뜻이 있다면 다른 모든 것을 배제하고 오직 그 뜻에만 집중해야 한다. 《맹자》에는 그 실례가 되는 고사가 실려 있다.

신독, 혼자 있는 시간의 힘

바둑의 명인인 혁추에게 두 제자가 있었다. 한 제자는 전심전력을 다해 혁추에게 배웠지만 또 한 명은 바둑을 배우면서도 날아가는 새를 사냥할 궁리만 하면서 딴 생각을 했다. 두 사람은 처음 시작할 때는 비슷한 실력이었지만 시간이 지남에 따라 그 차이가 엄청나게 벌어지게 되었다.

나무를 잘 자라게 하려면 쓸데없는 가지를 쳐줘야 하듯이 사람이 뜻을 이루기 위해 노력할 때에도 마찬가지로 정리가 필요하다. 방해되는 환경도 쳐내야 하고, 머릿속에 있는 잡념도 비워내야 한다. 그렇게 벼리고 벼린 한 가지에만 몰두하면 무슨 일이든지 이룰 수 있다.

가장 중요한 단 하나에 집중하기 위해서는 나머지 모든 것을 잘라낼 수 있는 용기와 결단이 필요하다. 그리고 무엇보다 그 벼려낸 하나에 도달하기까지 포기하지 않는 집념이 필요하다.

살아가며 떠올랐던 무수한 질문들을
벼리고 벼려서 단 하나만 남겨라.
그것이 당신의 인생을 바꿔줄 것이다.

지나온 마음에서 내가 가야 할 길을 듣는다

욕심을 멈추지 못하면
불안도 멈춰지지 않는다

知足不辱 知止不殆 可以長久
지족불욕 지지불태 가이장구

만족할 줄 알면 욕됨이 없고, 멈출 줄 알면 위태롭지 않다.

_《도덕경》

세계적인 부호 록펠러에게 "지금도 엄청난 부자인데 계속 일을 하니 도대체 얼마나 큰 부자가 되고 싶으냐?"고 한 기자가 물었다. 그러자 록펠러는 대답한다. "조금만, 조금만 더." 그는 이미 당대 최고의 부자였음에도 더 가지려는 욕심을 제어하지 못했다.

끝없이 채우려고 하는 사람의 욕심을 말해주는 고사가 있다. 제나라 환공桓公이 "부에는 한계가 있는가?"라고 묻자, 명재상 관중이 대답했다. "먼저 물의 경우를 보면 우물은 그 물이 마를 때까지가 한계라고 할 수 있으며, 부의 경우에는 만족할 때가 그 한계입니다. 그러나 사람들이 만족할 줄 모르기 때문에 계속 욕심을 부리게 되고, 결국 파멸하고 맙니다."

환공은 '춘추오패'로까지 불렸던 당대 최강대국의 군주였고, 관중 또한 그 나라의 재상으로서 역시 막강한 권력을 휘두르던 사람이었다. 하지만 이들의 대화를 보면 부와 권력을 향한 열망은 한계가 없다는 것을 알 수 있다. 아무리 많은 것을 가져도 더 가지고 싶은 것이 사람의 욕심이며, 끝없이 욕심을 따르다 결국 파멸하고 마는 것이 사람의 한계일지도 모른다. 환공 역시 관중이 죽은 후 믿었던 신하들에게 배신 당하고 궁궐에 갇혀 굶어 죽는 치욕을 당하고 말았다.

명예와 재물과 내 몸 중에 어떤 것이 더 소중한가? 당연히 누구나 내 몸이 더 소중하다고 대답할 것이다. 엄청난 권력과 사랑하는 가족들과의 행복한 삶 가운데 무엇이 더 귀하냐는 질문에 대해서도 비슷한 답이 나올 것이다. 하지만 이상적인 대답과는 다르게 사람들은 탐욕에 빠지면 이성을 잃어버린다. 록펠러나 환공과 같이 부와 권력의 정점에 있는 사람에게만 한정된 이야기가 아니다. 평범한 사람이 평온한 일상을 살아가다가도 어느 순간 작은 유혹에 빠지면 스스로를 제어하지 못한다. 특히 부를 최고의 가치로 삼는 오늘날에는 더욱 그렇다. 나만 뒤처지지 않으려는 초조함, 더 많이 가진 사람을 보며 느끼는 열등감에 휘둘려 스스로를 괴롭히는 것이다.

우리는 누구나 할 것 없이 바쁜 일상을 살아간다. 그렇게 정신없이 지내며 일상에서 마주하는 사람들, 오가는 감정들, 마주치는 유혹과 욕망으로 인해 자신이 서서히 소모되어 감을 느낀다. 또한 전혀 의도치 않게 다가오는 위험도 끊임없이 우리를 위협한다. 이렇게 소모되

지나온 마음에서 내가 가야 할 길을 듣는다

는 일상을 아무 생각 없이 하루하루 보내면서 우리는 날마다 자신을 조금씩 잃어버린다.

《도덕경》에 실려 있는 예문은 이런 상황을 이겨낼 수 있는 지혜를 준다. "만족할 줄 알면 욕됨이 없고, 멈출 줄 알면 위태롭지 않다." 바로 스스로 만족할 줄 아는 자세와 잠깐이라도 스스로를 점검하는 멈춤의 시간을 갖는 것이다. 여기서 만족할 줄 아는 자세란 한없이 높아지려는 자신을 끌어내림으로써 욕심을 잠깐 내려놓는 것을 말한다. 그리고 멈출 줄 아는 태도란 복잡한 관계 속에 놓인 자신을 떠나 오롯이 본연의 자신과 대면하는 시간을 갖는 것을 가리킨다. 이렇게 할 수 있을 때 더 이상 자신을 잃어버리지 않고 본래의 자신을 지킬 수 있다.

물론 더 가지려는 욕심이야 사람인 이상 어쩔 수 없을 것이다. 그럼에도 잠깐이라도 멈출 수 있다면 자신이 왜 더 많이 가지려는지를 돌아보면서 진정으로 바라는 것이 무엇인지를 알게 된다. 그리고 그것을 얻기 위해 무엇을 해야 하고, 또 무엇을 포기해야 하는지를 깨달을 수 있다. 그렇게 잠깐 멈출 수 있다면 나를 휘두르는 욕심과 시기에서 벗어나 평안을 얻게 된다. 내 마음에 평안을 줄 때 마음은 일할 수 있는 힘을 얻는다.

사람의 욕심은 바다와도 같아,
마음의 갈증을 풀고자 끝없이 마시다 보면
결국에는 자기 자신마저 집어삼킨다.

오십은 인생의 의미를
질문하기 좋은 시기다

子曰 加我數年 五十以學易 可以無大過矣
자왈 가아수년 오십이학역 가이무대과의

공자가 말했다. 만약 나에게 몇 년의 시간이 주어져서
쉰 살까지 역易을 배울 수 있으면 큰 허물은 없을 것이다.
_《논어》

공자는 '쉰 살에 천명을 알았다'(오십이지천명五十而知天命)라고 말했다. 예문은 이 구절과 짝을 이루는 글이다. 공자가 쉰 살이 되면서 천명을 깨닫는 경지에 이르렀지만, 그 과정이 순탄치는 않았을 것이다. 끊임없이 노력하고 있지만 스스로 부족함을 절감했기에 한편으로는 안타까웠고, 한편으로는 그럴수록 자신을 채찍질했을 것이다. 그 노력이 결실을 이루어 천명을 아는 경지에 도달할 수 있었다. 그의 나이가 오십이 되었을 때다.

그러면 평범한 우리는 어떻게 천명을 알 수 있을까?

바로 앞의 예문에 공자가 천명을 깨닫게 된 단서가 있다. 공자는 자기 삶에 수년을 더 보태 쉰까지 역《주역》을 공부하고 싶다고 했다. 물론 공자가 그 말을 하기 이전에도 《주역》을 모르지는 않았을 것이다. 단지 '천명을 깨닫는다'라는 명확한 목적을 두고, 그 이루는 시기를 쉰 살로 정해 노력했으며, 쉰에 이르렀을 때에는 남은 인생을 생각하면서 다시 한 번 각오를 다졌다고 받아들이면 좋겠다.

공부는 물론 그 어떤 일이든 최선을 다하고자 하면 항상 시간이 부족하다는 것을 절감한다. '조금만 더 시간이 있었으면….' 누구나 이러한 아쉬움을 느껴 본 경험이 있을 것이다. 이처럼 시간이 모자람을 안타까워할 정도로 열중하는 사람은 당연히 그 일의 결과도 좋다. 성취란 시간이 모자라서 도달하지 못하는 것이 아니라, 이루고자 하는 열망이 부족하기에 이루지 못하는 것이다.

또 한 가지 공자가 말한 '큰 허물은 없을 것이다'의 의미에 대해 생각해볼 필요가 있다. 공자와 같이 깊은 학문과 수양을 갖춘 사람이라면 평상시에도 큰 허물은 없을 것이다. 하지만 공자도 사람인지라 아무런 잘못도 저지르지 않으며 완벽한 삶을 살았다고 볼 수는 없다. 실제로 공자는 '잘못을 고치지 못하는 것이 나의 걱정거리다'라고 말하기도 했다.

그래서 평생을 두고 같은 잘못을 저지르지 않기 위해 노력했는데, 《주역》 공부가 큰 도움이 되었다고 예문은 말하고 있다. 공자는 《주역》을 공부하면서 같은 잘못을 거듭하지 않도록 고쳐 나갔고, 허물을 고치지 못하는 자신을 안타까워했다. 이처럼 날마다 자신을 돌아보며 잘못을 고쳐 나가고, 그럼에도 끝내 고치지 못한 것이 있음을 안타까워한다면 더 큰 잘못은 저지르지 않을 수 있을 것이다.

공자는 천명을 알기 위해 따를 수 있는 또 하나의 방법을 제시해주는데, 바로 《사기》에 실려 있는 '위편삼절'韋編三絶의 고사다. 위편삼절이란 책을 묶고 있던 가죽끈이 세 번이나 끊어졌다는 뜻으로, 책의 가죽끈이 끊어졌다는 것은 한두 번 읽어서는 될 일이 아니니 그만큼 책을 거듭 읽었음을 가리킨다. 수십 번을 읽어야 한 번 끊어질까 말까 일 터인데, 세 번이나 끊어졌다는 것은 그 읽은 횟수를 가늠하기 힘들 정도다. 그러한 노력의 결과로 공자는 천명을 아는 경지에 도달할 수 있었을 것이다.

우리가 천명을 아는 경지에 도달하기 위해 반드시 《주역》을 공부할 필요는 없다. 삶의 지혜를 얻는 데 도움은 되겠지만, 공자처럼 인생을 반전시키는 경지에 이르기는 쉽지 않을 것이다. 단지 아무런 의미도 찾지 못한 채 살아가는 현실에서 인문 독서를 통해 내 삶을 새롭게 생각해 볼 계기로 삼을 수 있을 것이다.

황상은 정약용에게 다음과 같은 가르침을 받았다.

"어찌하면 뭉툭한 것을 뚫을 수 있는지 묻자 부지런하라 하셨다.

어찌하면 막힌 것을 트이게 하는지 묻자 부지런하라 하셨다.

어찌하면 거친 것을 연마할 수 있는지 묻자 부지런하라 하셨다."

자신에게 주어진
길다운 길을 찾는다는 것

不知命 無以爲君子也 不知禮 無以立也 不知言 無以知人也
부지명 무이위군자야 부지례 무이립야 부지언 무이지인야

천명을 알지 못하면 군자가 될 수 없고, 예를 알지 못하면
세상에 바르게 설 수 없고, 말을 알지 못하면 사람을 알 수 없다.
_《논어》

"배우고 때때로 익히면 또한 기쁘지 않은가? 벗이 먼 곳에서 찾아오면
또한 즐겁지 않은가? 남이 알아주지 않아도 성내지 않는다면 또한 군
자답지 않은가?" 잘 알려진 대로 《논어》의 첫머리 글이다. 학문과 교
제 그리고 겸손과 자족의 삶과 더불어 군자의 즐거움을 말하고 있다.

예문은 《논어》의 맨 마지막 글로 군자의 자격에 대해 이야기한다.
맨 처음 글과 함께 《논어》의 핵심을 아우른다고 할 수 있다. 예는 사
람으로서 지켜야 할 예의와 도리를 말한다. 다른 사람을 배려하는 자
세는 인간관계의 가장 기본이 되기에 예를 모르면 더불어 살 만한 자

격이 없는 것이다.

말은 사람을 알고 이해하는 가장 중요한 수단이다. 이는 나 자신에게도 마찬가지로 적용된다. 다른 사람이 말을 할 때에는 경청할 수 있어야 하고, 내가 말을 할 때에는 품격 있고 정확하게 진심을 전달해야 한다.

천명을 아는 것은 가장 중요한 군자의 자격이다. 맨 처음 구절인 '남이 알아주지 않아도 성내지 않는다'와 짝을 이루는 글이라고 할 수 있다. 아무리 폭넓게 학문을 닦고, 깊은 수양을 해도 세상일은 마음먹은 대로 되지 않는다. 천명이 있기 때문이다. 따라서 군자라면 반드시 천명을 알고 이에 합당하게 행동해야 한다.

《중용》의 첫 문장이 이러한 천명의 본질을 잘 말해준다. "하늘이 명한 것을 본성이라 하고, 본성을 따르는 것을 도라 하고, 도를 닦는 것을 가르침이라 한다."(천명지위성 솔성지위도 수도지위교天命之謂性 率性之謂道 修道之謂敎) '하늘이 내려준 본성을 잘 따르고 그것을 함양하기 위해서 노력하는 것'이 바로《중용》 전체의 맥을 꿰뚫는 가르침이다.

《맹자》〈진심 상〉에서는 천명을 바르게 대하기 위한 마음가짐을 말해준다. "명命(천명)이 아닌 것이 없으니 그 바름을 순종해 받아들여야 한다. 이런 까닭에 명을 아는 자는 기울어진 돌담 아래에 서지 않는다. 그 도를 다하고 죽은 자는 바른 명이다. 죄를 짓고 죽은 자는 바른 명이 아니다."

삶과 죽음은 모두 천명에 속한 것이기에 순응할 수 있어야 한다. 하지만 '목숨은 어차피 하늘에 달렸다'고 하면서 함부로 하는 것은

지나온 마음에서 내가 가야 할 길을 듣는다

바른 일이 아니다. 이를테면 위험한 줄 알면서도 기울어진 돌담 밑에 서는 것은 용기가 아니라 만용이다. 사회 질서를 거슬러 스스로를 위험에 빠뜨리는 일은 말할 것도 없다.

세상일에는 정해진 법칙이 없다. 아무리 선한 삶을 살아도 뜻하지 않은 고난에 처하기도 한다. 이때 사람들은 하늘을 원망하고 주변을 탓하기도 한다. 심하면 자포자기해서 앞으로 계속될 삶을 포기해 버리기도 한다. 이때 포기한 것은 자신의 삶만이 아니다. 앞으로 주어질 수많은 가능성을 함께 포기하는 것이다.

세상 모든 것이 원망스럽고 억울하게 느껴질 때 해야 할 일은 잠잠히 기다리며 그 일의 의미에 대해 생각해보는 것이다. 자신이 해야 할 일, 반드시 이뤄야 할 일에 집중한다면, 소명을 이루는 큰 근심 앞에서 눈앞의 작은 근심은 하루아침에 사라질 물거품이 될 것이다.

나이 듦이란 갔으면 하는 길들을
갈 수밖에 없는 길로 변화시키는 긴 여행이다.

삶의 내공을 기르는

신독
필사노트

❧

愼
獨

君子必愼其獨也

군자필신기독야

_《대학》

군자는 반드시 그 홀로 있을 때를 삼간다.

君子必愼其獨也

신독, 혼자 있는 시간의 힘

天下之至柔 馳騁天下之至堅

천하지지유 치빙천하지지견

_《도덕경》

하늘 아래 가장 부드러운 것이 하늘 아래
가장 단단한 것을 다스린다.

天下之至柔 馳騁天下之至堅

삶의 내공을 기르는 신독 필사노트

行有不得者 皆反求諸己
행유부득자 개반구저기
_《맹자》

행했는데 뜻한 것을 얻지 못하면
모두 스스로에게 돌이켜 보라.

行有不得者 皆反求諸己

신독, 혼자 있는 시간의 힘

人不可以無恥 無恥之恥無恥矣

인불가이무치 무치지치무치의

_《맹자》

사람이 부끄러운 마음이 없어서는 안 된다.
부끄러운 마음이 없다는 것을 부끄러워한다면
부끄러워할 일이 없다.

人不可以無恥 無恥之恥無恥矣

삶의 내공을 기르는 신독 필사노트

勝人者有力 自勝者強

승인자유력 자승자강

_《도덕경》

다른 사람을 이기는 것은 힘이고,
나 자신을 이기는 것이 진정으로 강함이다.

勝人者有力 自勝者強

신독, 혼자 있는 시간의 힘

知者自知 仁者自愛

지자자지 인자자애

_《순자》

지혜로운 사람은 자신을 알고
어진 사람은 자신을 사랑한다.

知者自知 仁者自愛

삶의 내공을 기르는 신독 필사노트

不遷怒 不貳過

불천노 불이과

_《논어》

노여움을 남에게 옮기지 않고, 한 번 저지른 잘못을
두 번 행하지 않아야 한다.

不遷怒 不貳過

신독, 혼자 있는 시간의 힘

切磋琢磨

절차탁마

_《논어》

옥돌을 갈고닦아 빛을 내다.

切磋琢磨

삶의 내공을 기르는 신독 필사노트

學問之道無他求其放心而已矣
학문지도무타구기방심이이의

_《맹자》

학문의 길은 다른 데 있는 것이 아니라
잃어버린 마음을 찾는 데 있다.

學問之道無他求其放心而已矣

신독, 혼자 있는 시간의 힘

知止而后 有定 定而后 能靜 靜而后 能安
安而后 能慮 慮而后 能得

지지이후 유정 정이후 능정 정이후 능안
안이후 능려 여이후 능득

_《대학》

멈출 줄 안 다음에야 정해질 수 있고, 정해진 후에야
고요해질 수 있으며, 고요해진 후에야 편안해질 수 있고,
편안해진 후에야 생각할 수 있으며, 생각한 후에야 얻을 수 있다.

知止而后 有定 定而后 能靜 靜而后 能安

安而后 能慮 慮而后 能得

삶의 내공을 기르는 신독 필사노트

多聞闕疑 愼言其餘 則寡尤
多見闕殆 愼行其餘 則寡悔

다문궐의 신언기여 즉과우
다견궐태 신행기여 즉과회

_《논어》

많은 것을 듣되 의심스러운 부분을 빼놓고
그 나머지를 조심스럽게 말하면 허물이 적다.
많은 것을 보되 위태로운 부분을 빼놓고
그 나머지를 조심스럽게 행하면 후회하는 일이 적다.

多聞闕疑 愼言其餘 則寡尤
多見闕殆 愼行其餘 則寡悔

知窮之有命 知通之有時
臨大難而不懼 聖人之勇也

지궁지유명 지통지유시
임대란이불구 성인지용야

_《장자》

곤궁에는 운명이 있다는 것을 알고,
형통에는 때가 있음을 알며, 큰 어려움에 처해도
두려워하지 않는 것은 성인의 용기다.

知窮之有命 知通之有時

臨大難而不懼 聖人之勇也

삶의 내공을 기르는 신독 필사노트

愼獨